KB233150

아랍어의 양층언어현상과 말씨 바꾸기

Arabic language

Arabic language

아랍어의 양층언어현상과 말씨 바꾸기

윤용수 지음

Diglossia & Code-switching

한국에서의 아랍어 교육도 문어체 아랍어 교육에 치중하기 보다는 구어체 아랍어 교육에 보다 많은 관심을 가져야 할 것이고, 양 변종의 말씨 바꾸기 현상에 대한 이해와 교육도 함께 이루어져야 할 것이다.

한국학술정보[주]

21세기 현재 세계의 주요 언어 중의 하나인 아랍어는 그 광범위한 사용 지역만큼이나 오랜 역사를 갖고 있는 언어다. 아랍어는 셈어 중 가장 늦게 발달한 언어이지만, 현재 셈어를 대표하는 언어로 남아 있고, 이슬람의 등장과 함께 이슬람의 종교 언어로서 아랍인들의 절대적인 존경을 받고 있는 언어다. 아랍인들은 아랍어를 천사의 언어라고 믿고 있을 정도이니 그들에게 아랍어의 의미와 중요성은 더 이상 부연할 필요가 없다.

그러나 외국인으로서 아랍어를 배울 때는 누구나 커다란 장벽에 부딪치곤 한다. 우선은 아랍어 철자의 어색함이 그 첫 번째이고, 어려운 문법의 이해가 그 두 번째가 될 것이다. 그러나 이 두 가지 어려움을 극복하고 아랍어에 대한 자신감을 가질 때쯤이면 표준아랍어와 아랍어 방언의 차이에 난감함을 느끼고 방언도 지역에 따라 다르다는 것을 알고 나면 아랍어 공부를 거의 포기하고 싶은 생각이 드는 것이 일반 아랍어 학도들의 고충일 것이다.

아랍어의 표준어는 A.D. 7세기에 기록된 꾸란의 언어이고, 아랍인들이 갖고 있는 꾸란의 언어에 대한 종교적인 존경심과 경외심으로 인해 꾸란의 언어는 철자 한자, 단어 하나 바꾸지 않고 1400여 년이 지난 지금까지 초기 형태를 보존하고 있다.

아랍어 언어학자들의 입장에서는 A.D. 7세기의 언어를 원형 그대로 접할 수 있다는 것은 커다란 행운이지만, 일반 아랍어 학습자들에게는 여간 곤혹스러운 일이 아닐 것이다.

훈민정음이 대한민국 국어의 표준어라면 어떤 상황이 야기될까?

아랍어의 표준어와 방언의 문제는 이러한 가정보다 훨씬 심각한 상황이다.

표준아랍어가 전술한 이유로 인해 변하지 않고 보존된 것에 비해, 구어체 언어인 아랍어 방언은 시대의 변화와 요구에 따라 변화해 왔고, 지금은 일견하기에는 표준아랍어와 전혀 다른 언어처럼 보일 정도로 그 차이가 심해졌다.

즉, 아랍 사회에는 꾸란의 언어인 표준아랍어와 각 지역의 구어체 방언이 공존하고 있고, 이 두 언어 변종이 현대 아랍인들의 발화에서 모두 발견되고 있다.

사회언어학에서는 이러한 현상을 양층언어현상(diglossia)이라 하고, 양층언어현상이 발화로서 구체화된 것을 말씨 바꾸기(code-switching)라 한다. 양층언어현상이나 말씨 바꾸기가 아랍어만의 특별한 현상은 아니지만, 다른 언어에 비해 그 현상이 두드러지게 나타나기에 아랍어 사회언어학의 주요 연구 과제로서 연구되어 왔다.

아랍어 공동체의 이러한 언어 상황 때문에 아랍인들과의 원활한 의사소통을 위해서는 표준아랍어 이외에 적어도 한 개 이상의 각 지역 방언을 습득해야만 한다는 부담이 아랍어 학습자들에게 가중된다.

아랍어 학습의 이런 어려움을 감안하여 본 고에서는 아랍어의 양층언어현상과 말씨 바꾸기 현상을 중심으로 아랍 사회의 언어 현상을 설명했다.

아랍인들의 말씨 바꾸기가 무분별하게 사용되고 있는 것처럼 보이나, 자세히 관찰하면 그 나름의 제약과 형태 등의 규칙을 갖고 있다. 따라서 이 현상들에 대한 이해를 통해서 아랍어 학습자의 어려움을 줄여 주고, 아랍어와 아랍 사회에 대한 독자들의 이해가 증진되기를 기대한다.

아랍어와 아랍 문화에 대한 이해가 여전히 원시 단계를 벗어나지 못하고 있는 한국의 상황에서, 아랍어 언어학에 대한 도서 출판은

출판사로서는 커다란 용기가 필요할 것이다. 큰 용기를 내어 주신
한국학술정보(주)에 감사를 드리고, 이런 용기가 16억이 넘는 거대
인구를 담고 있는 이슬람 세계를 한국인이 이해하는 데 큰 힘이 되
고 있다는 감사의 말씀도 함께 드린다.

2008년
저 자

목 차

일러두기 ···

1. 아랍어 자음은 다음과 같이 전사하여 표기한다.

아랍어 자음	전사 표기	아랍어 자음	전사 표기
ء	ʔ	ض	ḍ
ب	b	ط	ṭ
ت	t	ظ	ẓ
ث	ṯ	ع	ʕ
ج	j	غ	ɣ
ح	ḥ	ف	f
خ	x	ق	q
د	d	ك	k
ذ	ḏ	ل	l
ر	r	م	m
ز	z	ن	n
س	s	ه	h
ش	š	و	w
ص	ṣ	ي	y

2. 모음의 표기는 단모음은 / a /, / i /, / u / 로 표기하고, 장모음은 / ā /, / ī / / ū / 로 표기한다.

3. 인명과 지명 표기는 처음 언급될 때에는 한글과 해당 언어의 표기를 함께 하고, 반복될 경우는 한글 표기를 원칙으로 한다.

4. 아랍어 전사는 /   / 사이에 표기한다.

5. 관사 / ʔal / 의 / ʔ / (hamzah)는 표기하지 않는다.

6. 관사 뒤의 자음이 태양 문자일 경우는 동화시켜 표기한다.

I

서 론

인간의 발화와 사회와의 관계를 고려한 사회언어학 연구에서 1970년대 후반부터 많은 사회언어학자들의 관심을 끌어온 주제 중의 하나가 말씨 바꾸기(code-switching)[1] 현상이다. 이는 말씨 바꾸기 현상이 대화에 있어서 인간의 기본적인 속성을 보여줄 뿐만 아니라, 사회 간, 국가 간, 문명 간의 접촉으로 인해 필연적으로 야기되는 언어 접촉의 제 현상들을 잘 대변해 주고 있기 때문이다.

말씨 바꾸기 현상은 단일 언어사회(monolingual society)에서 나타나는 표준어와 방언 간의 말씨 바꾸기뿐만 아니라 이중 언어사회(bilingual society)와 다중언어사회(multilingual society)에서 나타나는 모어와 외래어 간의 말씨 바꾸기 등 다양한 형태로 나타나고 있다. 즉, 공통의 모어를 지닌 단일 언어사회에서는 원화자들 간의 문체 전환(style-switching) 형식으로, 미국과 같이 서로 다른 모어를 가진 소수 민족들이 함께 모여 있는 다인종 국가에서는 언어 전환(language-switching) 형식으로 말씨 바꾸기 현상이 나타난다.

말씨 바꾸기 현상에 대한 관심은 최근에 들어서야 급증하고 있지만, 발화에서의 말씨 바꾸기 현상은 인간이 발화를 시작한 당시부터 시작된 의사소통 방식의 한 종류로 보아야 할 것이다.

말씨 바꾸기 현상에 대한 연구는 어떤 화자라도 자신의 의사를 정확하게 전달하기 위하여 언어를 사용함에 있어서 동일한 문체나 언어만을 사용하지 않는다는 사실이 관찰됨으로써 시작되었다. 즉, 특정한 느낌의 전달이나 강조 등 화자가 의도하는 정확한 의미 전달을 위해서 의식적으로 말씨 바꾸기를 사용하며, 이는 언어사용의 미숙함 때문이 아닌 의도적인 발화 전략이라는 사실이 확인됨으로써

---

1) 'code switching'은 아랍어에서는 'taḥawwul al-luɣat', 'taḥwīl al-luɣat', 'tabdīl aš-šifrat' 등으로 표현되고 있고, 한국어에서는 '부호 전환', '말씨 바꾸기', '코드 바꾸기', '말 단계 바꾸기', '말 단계 변동 현상' 등으로 번역되고 있다. 본 고에서는 code switching을 주로 구어체 아랍어를 중심으로 다루기 때문에 '말씨 바꾸기'를 따르기로 한다.

말씨 바꾸기 현상이 사회언어학 분야의 중점 주제 중의 하나로서 본격적으로 연구되기 시작했다.2)

따라서 본 고에서는 증가하고 있는 말씨 바꾸기 현상에 대한 관심과 중요성을 고려하여, 아랍어에서의 말씨 바꾸기 현상 특히, 문어체 아랍어와 팔레스타인 구어체 아랍어(이하부터는 '팔레스타인 아랍어'라 한다)의 말씨 바꾸기 현상에 대해 논하겠다.

1. 문제 제기와 연구사

문어체와 구어체의 두 변종이 기능적으로 구분되어 사용되는 현상을 의미하는 양층언어현상은 아랍어 공동체에서 가장 두드러지게 나타나며, 이에 대한 연구는 20세기 초반부터 활발하게 이루어져 오고

---

2) 최근 10년간 세계의 거의 모든 주요 언어학회에서 적어도 한 편 이상의 말씨 바꾸기 현상에 대한 논문들이 발표되고 있다. 특히 잡지 『World English』 (1989)와 『The Journal of Multilingual and Multicultural Development』 (1992)에서는 말씨 바꾸기 현상만을 특집호로 다루었다. 또한, Rodolfo Jacobson(ed.)은 1986년 8, 9월 뉴델리에서 개최된 World Congress of Sociology에서 발표된 각 나라의 말씨 바꾸기 현상에 대한 연구 논문 9편 (2편은 불어)을 수록한 『Code Switching as a Worldwide Phenomenon』을, Carol M. Eastman (ed)은 아프리카, 캐나다, 프랑스, 벨기에, 중국 등에서의 말씨 바꾸기 현상과 말씨 바꾸기·말씨섞기·차용과의 관계를 논한 13편의 논문을 담고 있는 『Code Switching』을, Monica Heller(ed.)는 인류학과 사회언어학의 측면에서 말씨 바꾸기 현상을 연구한 10편의 논문으로 된 『Code Switching, Anthropological and Sociolinguistic Perspectives』, Carol Myers & Scotton은 케냐와 짐바브웨이를 중심으로 다중언어사회에서 말씨 바꾸기 현상의 사회·심리적 측면을 다룬 『Social Motivation for Code Switching』을 출간하였다.

있다.

아랍어의 양층언어현상에 대한 연구가 비교적 활발하게 이루어져 오고 있는 데 비하여 양층언어현상의 실제 발화 수행이라 할 수 있는 말씨 바꾸기 현상에 대한 연구는 1980년대부터 언어학자들의 관심을 끌기 시작하였다.

말씨 바꾸기 연구의 시금석이 된 것은 노르웨이의 시골 마을인 헴네스베르겟(Hemnesberget)에서 사용되는 노르웨이 표준어인 보크말(Bokmal)과 지역 방언인 라나말(Ranamal)의 기능적 사용에 대한 연구인 블룸(J.p. Blom)과 굼페르즈(J.J. Gumperz, 1972)의 "Social Meanings in Linguistic Structure: Code Switching in Norway"이다.

이 논문에서 굼페르즈가 말씨 바꾸기를 하나의 사회언어학적 현상으로 제시한 이후 사회언어학자들의 관심을 끌며 본격적인 연구가 시작되었다.

아랍어 공동체의 말씨 바꾸기에 대한 연구는 대부분의 아랍 국가들이 1945년 제2차 세계대전이 끝나기 이전 영국과 프랑스의 지배하에 있었던 까닭에 지금도 영어 또는 불어가 개별 아랍 국가에서 광범위하게 사용되고 있을 뿐만 아니라, 이러한 외국어가 지식인 또는 사회의 상류 계층의 언어로서 인식되고 있다는 점으로 인해 아랍어와 외래어 간의 말씨 바꾸기가 중요하게 다루어지고 있다.

또한 아랍어의 심각한 양층언어현상으로 인해 문어체 아랍어와 구어체 아랍어 간의 말씨 바꾸기뿐만 아니라 도시 방언·시골 방언·베드윈 방언 등 아랍어의 각 지역 변종 간의 말씨 바꾸기 등 아랍어 공동체의 말씨 바꾸기 현상은 다양한 형태로 나타나 많은 사회언어학자들의 연구 대상이 되었다.

아랍어의 말씨 바꾸기 현상에 대한 구체적인 연구로는 술레이만(S.M. Suleiman, 1981)이 미국의 버팔로에 거주하는 아랍인들의 발화에서 나타나는 영어와 아랍어 간의 말씨 바꾸기를 조사한 "Linguistic

Interference and It's Impact on Arabic-English Bilingualism", 쇼랍(G.A. Shorrab, 1981)이 팔레스타인 아랍어의 상황과 각 지역 변종의 특징을 다루며 말씨 바꾸기 현상을 조사한 "Models of Socially Significant Linguistic Variation: The Case of Palestinian Arabic", 카왈리(M.A. al-Xawālī. 1987)가 말씨 바꾸기의 원인과 종류, 구조 등을 밝히며 아랍어에서 나타나는 말씨 바꾸기 현상에 대한 연구를 한 『Al-Ḥayāh maʕa Luɣatain (aṭ-ṭunāʔiyyah al-Luɣawiyyah)』, 파리다(Farida Abu Haidar, 1988)가 바그다드대학교 학생들을 대상으로 아랍어와 영어 간의 말씨 바꾸기 유형을 분석한 "Arabic with English: Borrowing and Code Switching in Iraqi Arabic" 등이 있다.

또한 헤쓰(Jeffery Heath, 1989)가 모로코에서 문어체 아랍어와 구어체 아랍어 간, 구어체 아랍어와 불어 간의 말씨 바꾸기의 유형과 특징을 조사한 『From Code-Switching to Borrowing: Foreign and Diglossic Mixing in Moroccan Arabic』, 베르(Enam.E.Al-Wer, 1991)가 요르단의 어싱 화자들을 대싱으로 요르단의 각 지역 변종의 변이음의 특징과 분포 그리고 말씨 바꾸기를 분석한 "Phonological Variation in The Speech of Women from Three Urban Areas in Jordan", 바더(Y.Bader, 1994)가 요르단의 야르묵(Yarmūk)대학교의 학생들의 대화에서 나타나는 아랍어와 영어 간의 말씨 바꾸기를 연구한 "Code-Switching to English in Daily Conversations in Jordan: Factors and Attitudes" 등 주로 1980년대 이후부터 양층언어와 이중 언어 상황에서의 말씨 바꾸기 현상에 대한 연구들이 발표되고 있다.

2. 연구 범위

키스 버스티그(Kees Versteegh, 1991)는 지리적으로 광범위하게 분포되어 있는 아랍 방언을 크게 아라비아반도 방언, 메소포타미아 방언, 시리아·레바논 방언, 이집트 방언, 마그립 방언으로 구분하였다.

이중 아라비아반도 방언은 나즈드(Nazd) 지역 방언을 포함하는 동북 방언과 예멘과 바레인 지역을 포함하는 서남 방언, 히자즈(Hijaz) 지역의 베드윈 방언을 포함하는 히자즈 방언, 네게브(Negev) 방언과 시나이와 요르단 남부 지역을 포함하는 서북 방언으로 분류된다. 또 이라크를 중심으로 한 메소포타미아 방언은 종교적인 분포에 따라서 무슬림 아랍 방언, 기독교인이 사용하는 아랍 방언, 유태교인 등이 사용하는 아랍 방언으로 구분되고, 시리아·레바논 방언은 레바논과 시리아 중부 지역에서 사용되는 레바논·시리아 중부 방언과 알레포(Aleppo) 지역을 포함하는 시리아 북부 방언 그리고 요르단과 팔레스타인 지역의 팔레스타인·요르단 방언으로 구분된다. 이집트 방언은 사용 지역에 따라 샤르끼야(Sharqiyya)와 서부 델타 방언을 포함하는 델타(Delta) 방언, 카이로 방언, 기자(Giza)와 아스유뜨(Asyut)지역의 중부 방언과 상이집트 방언으로 구분된다. 마그립(Maghīb) 방언은 리비아, 튀니지, 알제리 동부 지역에서 사용되는 동부 방언과 알제리 서부와 모로코에서 사용되는 서부 방언으로 구분된다.

이들 방언은 그 지역이 아랍화(Arabization)할 당시의 피정복민의 언어인 시리아어, 이집트어, 베르베르제어가 기층언어의 구실을 하면서 각기 다른 변화를 하였기 때문에, 지역 간의 거리와 상호 의사소통도는 반비례하고 있다(이규철, 1991).

국내에서 아랍어의 사회언어학 분야의 연구는 1990년대 이후부터 이집트를 중심으로 본격적으로 이루어지기 시작하여(예, 오명근, 1993, "아랍어의 양층언어현상에 관한 연구" 등), 최근에는 북서아프리카 지역에 대한 연구 논문들이 주로 발표되고 있어 지역적으로 연구가 편중되어 있는 실정이다.

실제로 아랍어는 동쪽으로는 아라비아반도의 이라크에서 서쪽으로는 북서아프리카의 모로코에 이르기까지 광범위한 지역에서 사용되고 있기 때문에, 특정 지역 언어 현상의 특징만으로 전체 아랍어권의 언어 현상을 조망한다는 것은 무리이며 편향된 시각을 갖게 할 수도 있다. 따라서 전체 아랍어권의 언어 상황을 정확하게 이해하기 위해서는 각 지역에 대한 균등한 관심과 연구가 이루어져야 하리라고 본다.

이러한 관점에서 본 고에서는 전술된 아랍의 각 지역 방언들 중 레바논·시리아 방언에 속하는 팔레스타인 아랍어에서 발생하는 문어체 아랍어와 구어체 아랍어 간의 말씨 바꾸기 현상을 분석하고자 힌다.

3. 연구 목적과 내용

본 고에서는 문어체 아랍어와 구어체 아랍어 간의 말씨 바꾸기 현상이 나타나게 된 사회언어학적 배경으로서 아랍어 양층언어현상의 특징을 알아보고, 아랍어의 변종과 말씨 바꾸기 현상과의 관계를 논하고자 한다. 또한 아랍인 원화자 특히, 고등교육 이상을 받은 팔레스타인 원화자들의 말씨 바꾸기 현상에 대한 인식과 실제 발화에서 나타나는 말씨 바꾸기 현상을 고찰하여 아랍인들의 발화 형태를 분석하겠다.

이와 같은 연구 목적을 수행하기 위해서 본 고는 서론과 결론을 포함하여 총 6장으로 구성된다.

제1장은 서론으로서 문제 제기와 연구사, 연구 범위와 연구 목적 및 내용을 서술한다.

제2장에서는 문어체 아랍어와 구어체 아랍어 간의 기능적 공존 현상인 아랍어 양층언어현상의 배경과 특징을 설명하고, 상층 변종과 하층 변종을 포함한 아랍어의 변종과 각 변종들 간의 관계를 논하겠다. 또한 말씨 바꾸기 현상의 정의, 동기와 형태 등의 특징을 논하겠다.

제3장에서는 팔레스타인 아랍어의 특징과 언어 상황을 이해하기 위해서 팔레스타인 아랍어의 음운론·통사론·형태론의 특징과 사회언어학적 배경 및 언어 상황을 논술한 후 언어 상황에 대한 실증적인 근거로서 라말라(Ramala)에서 조사된 관련된 설문조사의 결과를 분석하겠다.

제4장에서는 팔레스타인에서 일어나는 말씨 바꾸기의 각 변종인 현대 표준 아랍어와 도시방언·시골방언·베드윈 방언의 언어적 특징과 각 변종들 간의 말씨 바꾸기 현상을 논하겠다. 또한, 각 지역 변종에 대한 원화자들의 인식을 설문조사 결과를 통해 분석하겠다.

제5장에서는 격식과 비격식 상황에서 나타나는 아랍 지식인 계층의 담화 형태를 분석하겠다. 팔레스타인의 비르제이트(Birzeit)대학교에서 녹취한 지식인 계층 화자들의 격식과 비격식 상황에서의 담화 분석을 통해 대화의 상황에 따른 아랍인들의 발화 형태와 설문조사를 통해 나타난 말씨 바꾸기에 대한 인식을 분석하겠다.

제6장은 결론으로써 본 고에서 연구된 내용을 바탕으로 하여 팔레스타인 아랍어에서 나타나는 말씨 바꾸기의 특징과 이에 대한 원화자들의 인식과 발화 형태를 규명하겠다.

　　본 고에서는 양층언어현상을 중심으로 팔레스타인 아랍어의 언어 상황을 이해하고, 말씨 바꾸기 현상을 통해 팔레스타인 아랍어 원화자의 발화 형태를 분석하고자 한다. 따라서 본 고에서는 주로 기술 사회언어학(descriptive sociolinguistic)적인 측면에서 팔레스타인 아랍어의 언어 상황과 팔레스타인 원화자들의 발화 형태를 논하기로 한다.

II
아랍어의 양층언어현상과 말씨 바꾸기 현상

퍼거슨(C.Ferguson)이 아랍어를 기능적으로 분류하고 개념과 특성을 나타낸 논문 "Diglossia(1959)"를 발표한 이후 아랍어의 사회언어학 연구는 새로운 전기를 맞이하며 비약적으로 발전하여 왔다. 퍼거슨의 연구가 토대로 되어 그 이후 아랍어의 언어 상황과 층위에 대한 심층적인 연구가 계속 이루어졌고 그 결과 '양층언어현상(diglossia)' 이후에 '삼층언어현상(triglossia)', '다층언어현상(multiglossia)', '분광언어현상(spectroglossia)'과 같은 다양한 개념과 용어들이 나타나게 되었다. 이러한 용어 자체는 비교적 최근부터 사용되고 있는 것들이라 생소한 것일 수도 있지만, 이는 아랍어의 언어 상황 자체가 과거와 뚜렷이 구별될 만큼 현대에 와서 변화한 것이 아니라 아랍어 변종에 대한 해석의 변화와 인식의 발전을 의미한다. 즉, 아랍어 언어학자들은 아랍어의 언어 상황을 양층언어현상에서 다층언어현상 내지는 분광언어현상으로 인식하기 시작했다.

따라서 퍼거슨의 "Diglossia"가 아랍어의 언어 상황을 지나치게 단순화했다는 비판을 받고 있는 것은 사실이지만, 그의 연구가 아랍어의 변종과 층위에 대한 기본 패러다임을 제시했다는 것만으로도 아랍어 사회언어학 발전에 끼친 그의 공헌은 지대하다 하겠다.

본 장에서는 퍼거슨(1959)의 연구 이후에 본격적으로 시작된 아랍어의 양층언어현상에 대한 아랍과 서구 학자들의 연구 결과들을 토대로 하여 양층언어현상의 배경과 특징을 설명하고, 상층어와 하층어를 포함한 아랍어의 변종과 각 변종들 간의 관계를 논하겠다. 또한 양층언어현상의 구체적인 발화 수행이라 할 수 있는 말씨 바꾸기 현상의 정의, 동기, 형태 등의 특징을 설명하고, 아랍어의 각 변종들과 말씨 바꾸기 현상과의 관계를 논하겠다. 이는 본 고의 제4장과 제5장에서 논하게 될 아랍어 말씨 바꾸기 현상의 이론적인 틀을 마련하기 위한 것이다.

1. 아랍어 양층언어현상의 특징

1) 자힐리야시대의 양층언어현상

문어체 아랍어와 구어체 아랍어로 대변되는 양층언어현상의 기원을 연구하다 보면 방언의 생성 원인에 대한 궁금증에 직면하곤 한다. 언어의 역사적인 면을 고려해 볼 때 문어체 아랍어의 생성은 종교적, 정치적, 문화적, 언어적 필요성에 의해 인위적으로 만들어진 언어 형태이기 때문에 그 생성 과정을 비교적 쉽게 확인할 수 있고 또 성문화되어 있는 문어체의 특징으로 인해 그 발달 과정을 이해하는 데 별다른 어려움이 없다. 그러나 인간의 발화와 함께 시작된 구어체에 대한 기원은 곧 언어의 기원과 관련되고 언어의 기원에 대한 연구는 여러 가지 가설만이 제기되고 있을 뿐 뚜렷한 답을 찾지는 못하고 있는 실정이다. 따라서 그 기원을 추론하기에는 많은 어려움이 따른다.

개인의 발화가 아닌 집단의 발화로서의 방언의 생성 기원과 요인 역시 그 과정을 분명히 밝히기는 쉽지 않다. 그러나 일반적으로 방언의 생성 요인은 단일 언어의 화자들이 넓은 지역에 광범위하게 분포해 살면서 시간의 흐름과 지리적인 고립 등과 같은 각 지역별 환경에 따라 독특한 언어 형태를 사용한다는 지리적 요인과, 사회 계층에 따라 다양한 형태의 방언이 생성된다는 사회적 요인, 침략·이주 등으로 인한 언어 간의 대립과 혼합 등 언어 접촉으로 인한 방언의 생성과 개인의 언어 습관에 따른 방언의 생성 등을 그 요인으로 들고 있다.

이슬람 이전 시대에 아라비아 반도에서 사용되던 아랍 방언의 생성 원인은 이러한 일반적인 요인들 중 지리적 요인과 언어 간 접촉으로 인한 방언의 생성이 그 주요 요인으로써 작용한다. 즉, 당시의 아라비아반도는 지역적 특성으로 인해 상업과 교통의 중심지나 또는 물이 풍부한 곳에 정착을 한 정착민 사회와 부족을 이루어 물을 찾아 자주 옮겨 다니는 유목민들로 구성된 유목민 사회로 구분되어 있음에 따라 각 지역별로 독특한 음운과 통사적, 형태적 특징을 지닌 방언이 생성되었다.

자주 이동하는 유목 생활의 특성상 이들 부족 간에는 잦은 접촉이 있었고 특히, 물물 교환 형태의 부족 간 교역과 전쟁 등을 통해 부족 간의 접촉이 빈번했었다는 것은 잘 알려진 사실이다. 즉, 아라비아 반도의 남부 지역(지금의 예맨)의 까흐딴(Qaḥṭān)부족의 후손들인 힘야르(Ḥimyar), 카흘란(Kahlān), 아쉬아르(ʔAšʕar), 아밀라(ʕĀmilah) 등의 부족들이 오늘날 아라비아반도의 히자즈 지역과 시리아의 다마스쿠스 부근 등 반도의 북쪽으로 이동했고, 북부의 아드난(ʕAdnān) 부족의 후손들인 나자드(Nazād), 루비아(Rubīʕah), 칸다끄(Xandap) 부족들이 반도의 남부 지역으로 이주한 것 등이 그 좋은 예이다.

부족들 간의 이러한 접촉에 따라 방언 간 또는 아랍어와 아람어, 아랍어와 히브리어 등의 언어 간 접촉이 지극히 자연스럽게 일어났다. 특히, 오아시스를 중심으로 자연 발생적으로 생겨난 도시는 각 지역에 흩어져 있던 부족들이 자연스럽게 접촉하는 공간이 되어, 시장 등을 통한 물품의 교역뿐만 아니라, 시인들의 시 웅변대회 같은 행사를 통해 서로의 문화가 접촉함으로써 언어 접촉의 주요 장소를 제공하였다. 자힐리야시대 아라비아 반도의 대표적인 방언들 중에 고전 아랍어의 기초가 되었다는 꾸라이쉬(Qurais̆), 타밈(Tamīm), 아사드(ʔasad), 후다일(Huḏaīl), 키나나(Kinānah), 따이(Ṭay), 까이스(Qaīs) 방언 중 따이 방언은 남부에서 북쪽으로 이동한 카흘란 부족의 방언 중의 하나였다는 점을 통해서도 방언 간 접촉의 좋은 예를 볼 수 있다.

이러한 상황을 배경으로 샤흐나(Anwar Chejne, 1969)는 상업적, 종교적 심지어 문학의 측면에서도 부족 간의 계속적인 접촉이 이루어졌기 때문에 부족 간의 경계를 초월하는 사회적인 공감대가 생성되었고, 또한 개별 부족이 아닌 보다 많은 부족들이 함께 사용할 수 있는 언어가 나타났다고 주장했다. 당시 꾸라이쉬 부족의 힘과 권위를 고려해 볼 때, 그들의 방언이 이러한 접촉에 이용되었음이 틀림없다고 언급하며 공통어(common language)가 존재했음을 밝혔고, 꾸라이쉬 방언을 당시의 링과 프랑카(lingua franca)로 제시했다. 즉, 샤흐나는 각 부족들이 부족 내에서 사용하는 개별 부족 방언 외에, 멕카 순례나 부족 간의 교역 등을 위한 접촉 시에 상호 간의 의사소통을 위한 공통어로써 쓰인 꾸라이쉬 방언을 언급하였다.

이 공통어는 개별 부족 방언에 비해 고상한 문체와 잘 다듬어진 수사법, 그리고 고급스런 표현법을 지녔던 것으로 간주된다(오명근, 1992). 고대 아랍어 학자들은 당시의 부족들 중 정치·경제·사회적으로 가장 강력힌 영향력을 가지고 있었고, 이슬람의 교조 무함미드의 부족인 꾸라이쉬 부족 방언이 공통어로 사용되었다고 주장하고 있다. 그러나 현대에 와서는 꾸라이쉬 방언이 중심이 된 것은 사실이지만, 공통어에는 꾸라이쉬 방언의 특징 이외에 전술한 주요 아랍 부족 방언들의 언어적 특징이 혼합되어 있었다는 점에 근거해서, 공통어는 꾸라이쉬 방언을 중심으로 여러 부족 방언의 특징들이 혼합되었던 것으로 간주된다.

자힐리야시대에는 개별 부족들이 부족 내에서 주로 사용하는 각 부족 방언과 함께, 시 대회나 부족 간 교역 등과 같은 공식적인 상황에서는 모든 부족들이 공통적으로 이해할 수 있는 공통어가 사용되었다고 추정할 수 있다. 따라서 이슬람 이전 시대의 부족 방언과 공통어의 관계가 아랍어 양층언어현상의 기원으로 간주되며, 공통어와 부족 방언 간의 말씨 바꾸기가 존재했으리라고 생각한다.

그러나 일부 무슬림 학자들에 의하면 아랍어는 오직 한 가지 변종밖에 없으며 이슬람 이전 시대 베드윈들의 아랍어가 고전 아랍어와 동일한 아랍어라고 주장한다. 그들은 당시 아랍어의 지역적인 변종이 있었다는 점은 인정하지만 이를 단지 동일 어휘의 상당 어구로 간주하였으며, 음운과 어휘에서 나타나는 그 차이점들이 아랍어 자체를 위협할 정도로 심각했다고 생각하지는 않았다. 따라서 당시의 각 부족 방언 간에는 음운과 어휘 등에서 어느 정도의 차이점이 있었음은 분명하지만 상호 이해가 곤란할 정도로 큰 차이는 아니었다고 주장하며 이슬람 이전 시대의 아랍어의 양층언어현상을 부정하고 있다. 그러나 이들도 공통어의 존재 자체를 부정하지는 않았다는 점을 통해서 이슬람 이전 시대부터 아랍어의 양층언어현상은 존재했다고 생각된다.

2) 아랍어 양층언어현상의 발달

자힐리야시대부터 공통어와 각 부족 방언들 간의 관계로 시작된 아랍어의 양층언어현상은 이슬람교의 출현과 함께 종교적, 정치적 요인들과 같은 언어 외적인 요인들과 아랍어의 성문화와 같은 언어적 요인으로 인해 더욱 복잡한 양상을 띠었다. 그 요인들은 아래와 같다.

첫째, 종교적인 요인으로서는 교조 무함마드를 통해 하나님(ʔAllāh)의 말씀인 꾸란이 계시되고 이때 사용된 언어인 '아랍인들의 말(lisān al-ʕarab)'[1] 고전 아랍어로 발전하여 상위 변종을 이룸으로써 양층언어

---

1) 'lisān al-ʕarab (아랍인들의 말)'은 일반적으로 아랍인 문법가들 사이에서 아랍어를 가리키는 표현으로 가장 빈번하게 사용되는 표현으로서, 여기서 '아랍인'이란 유목민을 의미한다.

현상의 한 축을 이루게 되었다. 이 변종은 무슬림들에게 이슬람교의 언어, 천상의 언어로 간주되어 절대적인 존경을 받고 있는 언어이며 아랍 문법 학자들은 이 변종을 제외한 어떠한 아랍어도 언어적인 훼손으로 간주하여 인정하지 않았다. 따라서 여전히 구어체 방언이 사용되고 있음에도 불구하고 그 존재 자체를 부정하고 방치하여 관심을 두지 않음으로써 양층언어현상이 심화되는 결과를 낳았다.

둘째, 정치적인 요인으로는 예언자가 임종 시에 '이슬람교와 아랍어의 전파는 무슬림의 의무다'라는 유언을 남김으로써 정치적·군사적·문화적인 세력 확장의 정당성을 획득한 칼리파들은 이슬람의 확장을 위한 대정복 활동을 시작했다.

그 결과 아랍 정복군의 발길이 닿는 곳마다 이슬람교와 아랍어가 함께 전파되었고, 정복 지역에서 지배층의 언어로써 아랍어는 그 위상을 차지하였다. 그러나 정통 칼리파 시대의 아랍어는 언어적으로 아직 완전히 성숙한 단계의 언어는 아니었으며, 전통적인 유목 사회의 관습 때문에 아직 도시나 국가의 행정어로써 기능을 충분히 감당할 수 있을 정도로 발달하지 못한 상태였다. 물론 칼리파나 귀족 계급 같은 아랍 지배층은 아랍어를 사용하였지만, 정복지의 많은 지역에서는 행정어로써 아랍어 이외의 언어가 여전히 사용되었다. 즉, 이집트에서는 콥트어, 시리아와 팔레스타인에서는 시리아어 또는 그리스어가 여전히 사용되도록 허용되었다.

또한 우마위야왕조 시대에는 제국의 점령지에서 세금과 관련된 경제적인 목적을 위해 피정복민들의 이슬람교 개종을 강요하지 않았고[2] 그들에 대한 아랍어 교육도 그리 활발히 이루어지지는 않았으며, 기층언어와의 접촉으로 인해 아랍어는 정복지에서 변질되기 시

---

[2] 이슬람 점령지에서 기독교와 유대교인은 무슬림에 비해 다소 높은 세금을 부담하면 자신의 종교를 유지할 수 있었다.

작했다. 이 과정에서 아랍어는 언어의 훼손이라는 심각한 위협에 직면하게 되었고, 그 결과 양층언어현상이 더욱 심화되었다.

셋째, 언어적인 요인으로는 A.D. 632년 교조 무함마드 사후(死後)에 당시까지 구전으로만 전승되던 꾸란의 언어적 훼손의 방지와 보존을 위해 꾸란이 성문화(成文化)되면서 아랍어 발달의 토대를 마련했다.

아랍인들이 정치적·경제적으로 어려움을 겪고 있던 인접 국가들을 군사적으로 정복하는 것은 비교적 손쉬운 일이었다. 그러나 정복국에 전파된 아랍어는 문화적으로 앞서 있던 정복지의 국민들이 아랍어를 습득하여 기층언어와 혼합·변질시킴으로써 오히려 아랍어의 훼손이라는 위기를 맞게 되었다. 피정복민들이 아랍어의 음운과 어휘에서 범한 언어적 오류 때문에 아랍어는 심각한 위협에 직면하게 되었고 이것이 아랍어의 성문화와 문법 연구를 서두르게 된 동기가 되었다.

사막 베드윈들의 아랍어만을 순수한 아랍어로 간주하던 아랍어 문법가들에게 다른 문화와 다른 언어를 가진 이민족들에 의한 아랍어의 사용은 아랍어에 대한 심각한 위협일 수밖에 없었다. 그러한 위기의식이 꾸란의 성문화를 서두르게 되는 동기가 되었고 마침내 꾸란의 언어인 고전 아랍어가 언어로서의 구체적인 골격을 갖추고 발전을 하게 되었다.

아랍어가 성문화되어 언어로서의 기본 골격을 갖춘 후에도 정복 활동에 따른 영토 확장에 따라 이슬람 제국 내의 언어 상황은 각 지역별로 다양한 양상을 띠게 되었다. 즉, 이라크에서 사용된 아랍어와 모로코·안달루시아(현재의 스페인) 등지에서 사용된 아랍어는 동일한 아랍어임에도 불구하고 각 지역의 기층언어의 영향으로 인해 제각기 독특한 음운의 특징과 어휘를 나타내었다. 따라서 성문화된 고전 아랍어로 대변되는 문어체 아랍어와 각 지역의 구어체 아랍어 변종 간의 차이는 점점 더 심화되었다. 또한 피정복민에 대한 체계적인 아랍어 교육이 제대로 이루어지지 못하여 이들이 잘못된 아랍어 발음을 함에 따라 아랍어의 양층언어현상은 이슬람 이전 시대보다 더욱 뚜렷이 나타나게 되었다.

아랍 문화의 황금기로 불리는 압바시야왕조 시대에 그리스, 페르시아, 인도 등 외국의 선진 문화가 국가 번역기관인 지혜의 집(bayt al-ḥikmah)을 중심으로 본격적으로 아랍 세계에 수용되고, 번역 작업도 활발하게 이루어졌다. 이를 통해 문어체 아랍어는 표현이 다양해지는 등 언어로서의 발달을 이루었지만, 구어체 아랍어에 대한 연구는 거의 외면되어 정체됨으로써 문어체 아랍어와 각 지역의 구어체 아랍어 간의 차이는 더욱 확대되었다.

압바시야왕조 시대에 고전 아랍어는 거대한 이슬람 제국의 공용어로써 확고한 지위를 누리고 있었고, 구어체 방언은 사회적 지위나 계층에 상관없이 모든 화자들의 모어 또는 일상의 언어로서 광범위하게 사용되고 있있음에도 불구하고, 아랍이의 양층언어현상이 아랍어의 문제점으로 인식되지는 않았다.

당시의 아랍인들은 구어체 아랍어를 실제로 사용하고 있었음에도 불구하고, 고전 아랍어에 대한 경외심으로 인해 구어체 아랍어의 존재를 부인하거나, 구어체 아랍어와 문어체 아랍어를 동일시함으로써,3) 양층언어현상에 대한 문제점은 언어학자들에게 조차도 제대로 인식되지 못했다.

당시의 언어학자들이 고전 아랍어의 연구에만 몰두하고, 구어체 아랍어에 대한 연구는 불경스러운 것으로 인식하여 외면하거나 심지어 존재 자체를 부정하고 있었다는 것은 언어 변종에 당시 아랍인들의 인식과 관련이 있음을 의미한다.

---

3) 이런 관점은 지금도 일부 보수적인 아랍 언어학자들에게는 일반적인 인식이다.

그러나 A.D. 1258년 몽골에 의해 압바시야왕조가 멸망하면서 아랍·이슬람 국가들이 주권을 상실한 이후에 아랍 세계는 쇠퇴기로 접어들게 된다. 이 시기에 아라비아반도에 일어난 가장 큰 변화는 정치적으로는 지배 민족이 아랍인에서 터키인으로 교체된 것이고, 언어적으로는 공식어가 아랍어에서 터키어로 바뀐 것이다. 이런 현상은 지배 민족이 바뀔 때마다 신지배층이 정복지의 관리에 있어 가장 먼저 관심을 두는 부분 피정복민의 기존의 사상과 민족 주체성의 말살이고, 그 구체적인 수단으로써 그들의 모국어를 탄압하고 정복자들의 언어로 교체시키는 것이 일반적인 사실이라는 점에 비추어 볼 때 특이한 점은 아니다.

또한 A.D.1798년 나폴레옹(Napoleon)의 이집트 침공 이후 서방 제국주의자들이 아랍·이슬람 제국을 분할 지배하면서 민족 주체성 말살과 아랍 세계의 분열을 목적으로 의도적으로 문어체 아랍어를 탄압하고 각 지역별 방언의 사용을 권장하였다.

프랑스와 영국으로 대표되는 서양 제국주의 국가들이 아랍인들의 정체성을 훼손시키고 분열을 조장하기 위해 취한 문어체 아랍어 탄압 정책은 아랍인들에게 문어체 아랍어 대신 구어체 아랍어를 사용하게 함으로써 아랍민족주의의 해체와 아랍인들의 정신적 분열을 도모했고, 서양에서 교육받은 일부 아랍인들마저 이러한 정책에 동조했다.

서양 제국주의 세력의 이러한 의도와 식민 정책은 아랍 민중들에게 커다란 영향을 끼쳤고, 문어체 아랍어는 자연스러운 변화나 발전이 중단되거나 침체될 수밖에 없었다.

따라서 아랍어의 양층언어현상은 근대 이후에 서양 제국주의 국가들이 문화 정책의 일환으로 취한 문어체 아랍어 탄압 정책으로 인해 종교 행사를 제외한 거의 모든 분야에서 문어체 아랍어와 아랍 대중이 분리됨으로써 더욱 심화되었기 때문에, 아랍어 양층언어현상의 원인과 특징은 사회언어학적인 측면에서뿐만 아니라 역사적인 측면에서도 발견할 수 있다. 따라서 아랍어의 양층언어현상을 정확하게 이해하기 위해서는 아랍어의 상위 변종과 하위 변종에 대한 언어적인 이해와 함께 역사적, 사회언어학적인 이해가 뒤따라야 할 것이다.

2. 아랍어의 변종과 구조

1) 퍼거슨의 모델

　20세기 중반까지 아랍인들에게 아랍어 방언에 대한 연구는 문어체 아랍어의 훼손 또는 서양 제국주의자들의 불순한 음모로 간주되어 제대로 이루어지지 않았다. 유럽인들은 아랍어의 양층언어현상을 문제점으로 제기하며, 방언을 구어체와 문어체의 유일한 매개체로 사용할 것을 그 해결책으로 제시했다. 자카리야(Saʿīd Naffusā Zakariyyā, 1964)는 유럽인들의 이러한 주장은 아랍의 가장 중요한 형성요소인 고전 아랍어를 말살함으로써 아랍의 통일을 저해하려는 것이라고 주장하며 아랍어 방언에 대한 연구를 외면 했다.

　이러한 상황에서 퍼거슨이 현대 그리스어·스위스의 독일어·아이티의 크레올어·아랍어를 구체적으로 지적하면서, 한 언어 공동체 내에 동일 언어의 2가지 변종이 나란히 공존하며 각각의 변종은 개별적인 사회적 기능을 수행하는 사회언어학적 환경을 언급하였다.

　퍼거슨이 구어체 아랍어의 역할과 기능을 구체적으로 강조하며 양층언어현상의 개념을 제시한 것은 당시로서는 아랍어 사회언어학 연구의 커다란 발전이었고, 이후 많은 학자들이 아랍어의 사회언어학과 방언학을 연구하게 하는 계기를 제공했다고 할 수 있다.

퍼거슨(1959)은 양층언어현상은 아주 안정되어 있는 언어 상태로서 적어도 수세기 동안 지속되어 왔으며, 양층언어현상에서 발생하는 의사소통의 불편은 비교적 성문화되지 않은 중간어(middle language) 형태로 해결할 수 있다고 언급하며 중간어의 존재를 인정하였다. 또 그는 중간어를 고전 아랍어의 통사론과 많은 어휘를 지니고 있지만 근본적으로 형태론과 통사론에 있어 구어체 아랍어에 기초하고 있으며 구어체 아랍어의 어휘가 많이 섞여 있다고 그 구체적인 성격까지 규정하였다.

그러나 그는 이 변종을 무시하고 상위 변종(문어체 표준아랍어)과 하위 변종(구어체 방언)의 양층 구조로서 아랍어의 언어 상황을 파악함으로써 연구의 문제점을 노출시켰다. 또한 상위 변종과 하위 변종 간에는 중복되는 부분이 거의 없다(1959)고 규정지음으로써 아랍어의 언어 상황을 지나치게 단순화하는 오류를 범하기도 했다. 그러나 그러한 구분이 아랍어의 언어 상황에 대한 기본 개념과 모델을 정착시켰다는 점에서 그의 연구는 높이 평가받을 만하다.

퍼거슨의 연구 이후에 아랍어의 변종과 층위에 관한 주제는 아랍어 사회언어학 연구의 가장 핵심적인 주제 중의 하나로 부각되어 아랍인 학자들은 물론 동양학자(orientalist)들의 중요 연구 과제가 되어 왔다.

케이(Alan Kaye, 1972)는 아랍어를 상위 변종과 하위 변종으로 구분한 퍼거슨의 이분법은 상위 변종(현대 표준 아랍어)이 '잘못 정의된 언어(ill-defined language)'이기 때문에 오류라고 주장했다. 그는 공식 교육을 통해 습득하는 아랍어의 모든 비구어체 형태는 아랍의 어느 지역에서도 모국어로 사용되지 않고, 그 어느 아랍인도 이 변종을 모어로 습득하지 않기 때문에 잘못 정의된 체계이다. 그러나 모든 구어체 아랍어는 생득적(生得的)으로 모어로써 익혀지며, 사용 지역을 구

체적으로 지정할 수 있기 때문에 '잘 정의된 체계(well-defined system)'
라고 주장했다.

그러나 하리(Benjamin H. Hary, 1992)는 방언이 분명히 현대 표준
아랍어보다 잘 정의된 개념을 갖고 있는 것은 사실이지만, 방언 역
시 제각기 다양한 언어적 특성을 지니고 있기 때문에, 케이가 언급
한 방언에서의 통일성을 발견하기 어렵고 그 개념도 잘 정의된 것은
아니라며 케이의 견해를 반박했다.

케이의 주장은 아랍어의 언어 상황을 통사적인 측면에서 접근했다
는 점에서 퍼거슨의 주장과 접근 방법에 있어 차이가 있다. 퍼거슨
의 주장(1959)은 언어의 사회적인 기능을 고려하여 아랍어의 언어
상황을 설명한 것에 비하여, 케이는 어말모음변화에서의 현대 표준
아랍어의 문제점 등을 근거로 하여 퍼거슨의 주장을 반박하고 있다.
따라서 케이의 주장이 잘못된 것은 아니라 하더라도 그 접근 방법에
있어 차이를 보이고 있기 때문에, 퍼거슨의 이론과는 별도로 다루어
져야 한다고 생각한다.

샤흐르(El-Hassan Shaher, 1977)는 퍼거슨의 기능적 구분을 강도
높게 비판하며 아랍어의 실제 언어 상황은 퍼거슨의 구분처럼 분명
하게 기능적으로 나뉘지 않고 기능이나 공식성의 유무만이 두 변종
을 구분하는 유일한 기준이 아니라고 주장했다. 예를 들어, 퍼거슨이
상위 변종이 사용된다고 주장한 이슬람 사원의 설교에서 이맘(Imam)
은 설명을 위해 구어체 아랍어를 사용하기도 한다는 것이다. 그는
'교양구어체 아랍어(educated spoken Arabic)'를 제3의 변종으로 제시
했다.

2) 블랑크의 모델

블랑크(Haim Blanc, 1960)은 바그다드, 예루살렘, 알레포 지역 방언을 수집하여 문법적인 구조 속에서 구어체 아랍어의 문체 변종을 다음과 같은 다섯 층위로 구분했다.

① 순수 구어체 아랍어(plain colloquial Arabic) 특정 지역 방언으로서 화자는 비공식적인 상황에서 사용한다.

② 코이네 구어체 아랍어(koineized colloquial Arabic) 순수 구어체 아랍어로서 층위화 장치가 어느 정도 적용된다.

③ 준 문어체 아랍어(semi literary Arabic) 고전화 장치가 어느 정도 적용된 순수 구어체 아랍어와 코이네 구어체 아랍어

④ 수정 고전 아랍어(modified classical Arabic) 방언이 섞인 고전 아랍어

⑤ 표준 고전 아랍어(standard classical Arabic) 방언이 섞이지 않은 고전 아랍어

그는 화자들이 위의 다섯 개의 변종 중 오직 한 가지 변종만을 사용하는 발화 형태는 발견하기 어려웠고, 단일형태로 대화가 지속되는 경우는 규칙이라기보다는 예외라는 점을 강조했다. 따라서 발화 도중에 문장 내와 문장 간 수준에서 변종의 이동 즉, 말씨 바꾸기가 폭넓게 일어나며 이는 아랍인 화자발화의 일반적인 특징이라고 주장했다.

그는 아랍인의 발화에서 말씨 바꾸기를 일으키는 중요 요소로는 '층위화 장치(leveling device)'와 '고전화 장치(classicising device)'가 있으며 이는 개별적으로 작용하기도 하지만 서로 중복되기도 한다고

언급하며 그 특성을 설명했다.

블랑크가 언급한 층위화 장치는 화자가 사회적으로 보다 우위의 방언 형태를 선호하여 일으키는 말씨 바꾸기로서, 시골 출신의 화자가 시골 방언 대신 도시 방언으로 말씨 바꾸기를 일으키는 경우나, 바그다드에서 비무슬림들이 무슬림들의 발음을 흉내 내는 경우 등이다.

(예) ① / kalb / > / ʔalb / '심장'
　　 ② / čalb / > / kalb / '개'

블랑크가 연구 자료를 수집한 바그다드, 예루살렘, 알레포에서 / q / 의 각 지역 변이음은 도시 방언의 / ʔ /, 시골 방언의 / k /, 베드윈 방언의 / g / 로 구분할 수 있으며, 예 ①에서 시골 방언의 특징적 변이음인 / k / 에서 도시 방언의 변이음인 / ʔ / 로의 변화는 층위화 장치에 의한 말씨 바꾸기로 간주할 수 있다.

또한 / k / 의 변이음은 도시와 베드윈 방언의 / k /, 시골 방언의 / č / 로 구분할 수 있다. 따라서 예 ②의 / č / > / k / 의 변화는 도시 방언을 선호한 층위화 장치에 의한 말씨 바꾸기로 간주된다.

또한 층위화 장치는 보다 공통적이고 광범위하게 사용되는 방언을 선호하여 지역 방언을 배제하는 형태로 나타나기도 한다.

(예) ③ / ʔiššu / > / šu /　　'무엇'
　　 ④ / halʕēt / > / halla / '지금'

위의 예 ③은 알레포 지역에서 사용되는 의문사 / ʔiššu / 가 시리아에서보다 일반적으로 사용되는 상당 어구인 / šu / 로 말씨 바꾸기를 일으킨 경우이고, 예 ④는 예루살렘의 지역 방언인 / halʕēt / 가 샴 지역에서보다 일반적으로 사용되는 형태인 / halla / 로 말씨 바꾸기를 한 경우다.

고전화 장치는 주로 지식인 계층에 의해 친숙하지 않은 동료나 상관과의 대화, 학술 토론 또는 다른 지역 변종의 화자와 대화 시에 구어체 방언에 고전 아랍어의 요소, 특히 음운의 차용이 일어나거나 또는 문어체 아랍어로 말씨 바꾸기를 하는 경우다.

   (예) ⑤ / girīb / > / qarīb /　　　　'근처'

      ⑥ / činit / > / kinit /　　　　'나는……있었다'

      ⑦ / ʕāwiz ʔē / > / ʔayyi xidma / '무엇을 도와 드릴까요?'

예 ⑤에서 / g / > / q / 의 말씨 바꾸기는 베드윈 방언의 특징적 변이음인 / g / 가 고전화 장치에 의해 고전 아랍어의 변이음인 / q / 로 실현되었으며, 예 ⑥에서 / č / > / k / 의 말씨 바꾸기는 시골 방언의 특징적 변이음인 / č / 가 역시 고전화 장치에 의해 고전 아랍어의 변이음인 / k / 로 실현되었다. 예 ⑦은 카이로 방언의 화자가 다른 지역의 화자를 만났을 때, 문어체 아랍어로 말씨 바꾸기를 일으킨 경우다.

블랑크가 아랍어의 언어 상황을 퍼거슨의 양층 구조 개념에서 다층 구조로 확장시키고 연속체의 개념을 도입하였으며, 블랑크가 구분한 각 층위들은 어느 정도 중복되어 있다는 점을 밝힌 것은 평가할 만하다. 또 블랑크의 논문이 발표된 시기에 서구에서는 말씨 바꾸기 현상에 대한 인식이 부족하였고, 이러한 개념조차 제대로 이해하지 못하고 있었다는 실정을 감안하면 언어 상황에 대한 그의 관찰력과 분석력은 높이 평가할 만하다. 그러나 아랍어의 언어 상황을 층위로 이해하고 각 층위 간의 구분을 분명히 하지 못한 것은 그의 연구의 문제점이라 하겠다.

3) 바다위의 모델

바다위(S. Muḥammad Badawi, 1986)는 1960년대 이집트 대중매체에서 구어체 아랍어 사용에 관한 조사에 근거하여 이집트 아랍어의 변종과 층위들의 실제 상황을 연구하였다. 사회언어학적 상황을 고려한 그의 연구에서 바다위는 푸스하(fuṣḥā)와 암미야(ʕāmmiyyah)는 단지 문화적인 형태일 뿐이라고 주장하며 이집트 지역에서 사용하는 아랍어의 층위를 다섯 단계로 구분하며 그 특징들을 아래와 같이 설명했다.

① 고전 아랍어(fuṣḥā at-turāt̲) 꾸란 읽기, 형태론, 통사론, 사전 연구와 관련된 아랍어로써 종교방송 등에서 들을 수 있다.

② 현대 표준 아랍어(fuṣḥā al-ʕaṣr) 고전 아랍어보다 사용 범위가 광범위하며, 표준아랍어가 사용되는 모든 곳에 사용된다. 의학·과학·공학·예술 등 현대 과학과 학문의 기록·신문·방송에 사용되는 아랍어로써 학습이 필요하다.

③ 교양 구어체 아랍어(ʕāmmiyyat al-mut̲aqqafīna) 현대 표준 아랍어의 구어체 형태로써 교육 수준이 높은 사람들에 의해 교육·문화·정치·과학·문학 등의 주제와 관련하여 사용된다.

④ 표준 구어체 아랍어(ʕāmmiyyat al-mutanawwirīna) 일반적으로 구어체로 불리는 아랍어로써 일상생활을 포함한 모든 비공식적인 상황(식당·거리·가정 등)에서 친구·이웃·가족 등과의 대화에서 사용되는 아랍어다. 사회 계층과 관계없이 모든 아랍인들의 모어로서 TV의 가벼운 오락물에서도 사용된다.

⑤ 문맹인 구어체 아랍어(ʕāmmiyyat al-ʔūmmiyyīna) 문맹인들이 사용하는 구어체로써 문맹인 부모로부터 가정에서 자연스럽게 익히게 되는 아랍어다. 교육을 받지 않을 경우 평생 동안 이 변종만을 사용하며, 교육을 받음에 따라 교양 구어체 아랍어나

표준 구어체 아랍어로 이동한다.

바다위가 이집트 아랍어를 다섯 층위로 구분한 것은 블랑크의 구분과 외관상 유사한 점이 있다. 즉, 바다위의 고전 아랍어과 현대 표준 아랍어는 블랑크의 표준 고전 아랍어과 대체로 일치하고 바다위의 교양 구어체 아랍어는 블랑크의 수정 고전 아랍어와 대체로 일치한다.

그러나 두 연구의 근본적인 차이점은 블랑크는 문법적인 구조에 기초하여 구분한 반면, 바다위는 사회언어학적 상황을 고려한 구분이라는 점에서 차이가 난다.

바다위(1986)는 이집트 아랍어의 변종을 다섯 층위로 구분하였지만 이 층위들이 실제로 서로 분명히 구분되어 존재하는 것은 아니며, 각 층위 간의 경계선 역시 가상의 것으로써 그 시작과 끝을 분명히 할 수는 없다. 즉, 층위 간의 구분은 각 층위의 특성을 설명하기 위하여 임의적으로 설정한 것뿐이라고 밝혔다. 즉, 그가 만든 층위에 대한 임의적인 구분은 각 변종의 특성을 설명하기 위한 편의에 의한 것일 뿐 이러한 패러다임 자체가 어떠한 층위를 구분하는 것이 아님을 분명히 하고 있다. 이러한 관계를 그림으로 나타내면 아래와 같다.

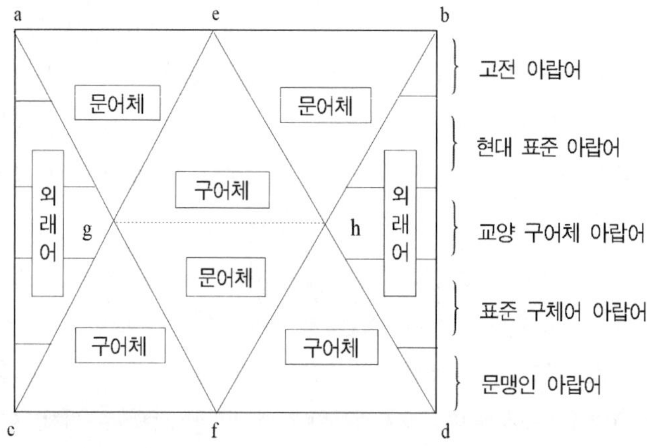

위의 표에서 a-b는 이론적으로 정확도가 최고 수준인 문어체 아랍어이며, 고전 문법 학자나 사전 편찬자 등의 언어를 가리킨다. c-d는 이론적으로 최소한의 교육을 받은 사람 또는 문맹인의 언어를 가리킨다. a-f, b-f는 a-b의 특질이 침식되어 나타난 경우로 여러 계층 간에 문어체가 부분적으로 분포된 것을 의미한다. 또 c-e, d-e는 c-d의 침식 작용으로 구어체가 여러 계층에 분포되어 있음을 나타낸다. e-g-f-h는 문어체 아랍어와 구어체 아랍어가 겹쳐진 상태를 의미하고, a-g-e와 e-h-b는 순수한 문어체 아랍어, c-g-f와 f-h-d는 순수한 구어체 아랍어, a-g-c와 d-h-d는 위에서 언급된 5개의 언어 층위 내에서의 외래어의 영향을 의미한다.

위의 표에서 알 수 있는 것처럼, 교육 수준에 따라 문어체 아랍어와 구어체 아랍어의 분포의 차이는 있지만, 이집트의 모든 화자는 문어체 아랍어와 구어체 아랍어라는 두 가지 변종을 함께 가지고 있음을 알 수 있다. 따라서 최고 수준의 문어체 아랍어 화자에게서도 구어체 아랍어의 간섭은 일어나며, 문맹인들의 발화에서도 문어체 아랍어의 차용은 발생한다.[4] 즉 고전 문법 학자와 문맹인의 발화에서도 문어체 아랍어와 구어체 아랍어 간의 말씨 바꾸기는 발생한다.

---

4) 본 고에서는 간섭과 차용의 의미를 알-카왈리와 이혜란 등의 구분에 따라 아래와 같이 정의하겠다.

① Muḥammad ʕAlī ʕAbdu al-Karīm al-Xawalī, *al-Ḥayāt maʕa Luɣataīni (at-tunāʔiyah al-Luɣawiyah)*, (al-Riyāḍ: Jāmiʕat al-Malik Suʕūd, 1987) p.96.

② 이혜란 등, 2개언어상용과 그 이론, (서울: 한국문화사, 1995) p.358, p.362.

• 간섭: 화자가 2개의 변종을 알고 있는 상황에서 제1변종의 요소나 규칙을 무의식적으로 제2변종으로 이전시키는 현상으로서 음운, 문법, 어휘, 의미 단위에서 발생할 수 있다.

• 차용: 화자가 1개의 변종만을 알고 있는 상황에서 의식적으로 특정 변종의 항목을 다른 변종으로 이양시키는 현상으로서 주로 어휘에서 발생한다.

이러한 현상은 이집트뿐만 아니라 대부분의 아랍어 공동체에서 나타나는 공통적인 현상이라 하겠다. 이는 본 고의 제5장에서 실증적인 예를 통해 논하기로 한다.

바다위(1986)는 각 층위 간의 말씨 바꾸기는 이집트 아랍어에서 일반적인 현상이며, 모든 화자들에게서 일반적으로 나타난다고 밝혔다. 예를 들어 강의실에서 교사는 학생들의 이해를 돕기 위해서 강의의 내용을 설명할 때는 구어체 방언을 사용하지만, 강의 내용을 요약할 때는 문어체 아랍어를 사용한다고 밝혔으며, 일반 화자들의 말씨 바꾸기는 문화 수준·배경·사회적 환경의 차이 등이 주요 동기라고 주장했다. 또한 말씨 바꾸기는 일반적으로 한 단계씩 이루어지며, 한 단계를 뛰어넘는 말씨 바꾸기는 조크를 위한 것으로써, 희극작가나 코미디언들이 임의적으로 사용한다고 규정하며 말씨 바꾸기의 구체적인 형태를 제시했다.

따라서 이집트 아랍어의 다층언어현상은 바다위가 스펙트럼을 투사한 빛의 7원색은 각 색상 간의 구분점을 구체적으로 지정하는 것이 불가능하다는 점을 예로 들며 설명한 것처럼, 각 층위들이 서로 분리되어 있는 것이 아니라 서로 중첩되어 연속되어 있는 분광언어현상의 개념으로 이해하는 것이 타당하다.

4) 윌부르의 모델

윌부르(Schmidt Richard Wilbur, 1974)는 라봅(W. Labov, 1966)의 조사 방법5)을 이집트 아랍어에 적용하여 이집트의 계층별 언어사용

---

5) 언어사회는 결코 동질적이지 않고 다양한 변종들로 이루어져 있다는 점을 규명하기 위해 라봅이 뉴욕에서 실시한 조사다.
   뉴욕의 상류·중류·하류 계층의 사람들이 주로 찾는 백화점의 점원들

에 대한 특징을 조사하였다. 그는 양층언어현상의 가장 중요한 요소
는 그 변종들 간의 중간에 위치하는 중간 변종이라는 점을 강조하
며, 중간 변종이 체계적인 구조를 갖지 못하고, 원화자들이 마구잡이
로 코드를 선택한다면 '이중 체계(two system approach)'가 적용되지
만, 중간 변종이 규칙적이며 체계적인 규칙을 갖추고 있다면 '단일
체계(one system approach)'가 타당하다고 주장했다. 이러한 관계를
표로 나타내면 아래와 같다.

<이중 체계 two system approach>

Ⓢ ⇔ Ⓒ

순수 표준어   순수 방언

<단일 체계 one system approach>

준
표 Ⓒ 어

(*S: Standard Variety, C: Colloquial Variety)

월부르가 언급한 '이중 체계'는 화자가 하나의 언어 공동체 안에
존재하는 표준어와 방언을 서로 각기 다른 구조와 배경을 가진 별도
의 언어 체계로써 인식하거나 표준어를 충분히 습득하지 못하여 표
준어와 방언을 불규칙하게 혼합하는 말씨섞기현상(code mixing)[6]과

은 각 사회 계층의 변종을 사용하리라는 전제하에 각 백화점의 점원들
이 사용하는 변종을 수집하여 뉴욕의 각 계층별 언어사용의 특징을 분
석한 연구다.
자세한 것은 W. Lavov, *The Social Stratification of English in New York
City,* (Washington D. C.: Center for Applied Linguistics, 1966) 참조.
6) 말씨 바꾸기와 말씨섞기의 의미에 관한 논의는 학자들에 따라 다양하

관련이 있다고 생각한다. 이에 반하여, '단일 체계'는 화자가 하나의 언어 공동체 안에 동일 언어의 2가지 변종으로써 표준어와 방언을 인식하고 표준어를 충분히 습득하여 상황과 필요에 따라 적절하게 표준어와 방언을 바꾸는 말씨 바꾸기 현상과 관련된다고 생각한다.

위의 두 모델이 어떠한 언어 공동체에 적용될 것인가 하는 문제는 표준어와 방언의 언어적 유사성과 원화자들의 표준어와 방언에 대한 인식이 그 중요한 기준이 된다고 생각한다. 아랍어의 경우 문어체 아랍어와 구어체 방언은 음운과 통사론, 형태론에 있어 많은 공통점을 지니고 있을 뿐만 아니라, 실제로 아랍인 원화자들이 표준어와 방언을 별도의 언어로 생각하지 않는다는 사실에 비추어 아랍 사회의 언어 상황에서는 단일 체계가 타당하다고 생각한다.

5) 메이세데스의 모델

메이세데스(Gustav Meisedes, 1980)는 카이로, 다마스쿠스, 암만, 예루살렘의 라디오 방송에서 수집한 자료에 근거해서 중간 변종으로서 '구두 문어체 아랍어(oral literary Arabic)'와 '교양 구어체 아랍어

게 나타난다. 이익섭(1994)은 말씨 바꾸기와 말씨섞기를 구분하여 말씨섞기는 어느 한 언어를 주축으로 사용하면서 다른 언어의 요소를 사이사이에 삽입해 쓰는 현상으로 설명했지만, 호프만(C. Hoffman, 1994)은 말씨 바꾸기와 말씨섞기를 구분하지 않았다. 본 고에서는 말씨 바꾸기와 말씨섞기의 의미를 구분하여 사용하겠다. 말씨 바꾸기와 말씨섞기의 구분에 대해서는 ① C. Hoffman, op.cit., 1994, ② Y. Bader, "Code Switching to English in Daily Conversations in Jordan: Factors and Attitudes", ?Abhāṯ al-Yarmūk, (1994). ③ J.N.A. Nartey, "Code Switching or Faddism? Language use among educated Ghanians", Anthropological Linguistics, vol.24, no.2, (1982) ④ 이혜란(공역), 2개언어상용과 그 이론, (서울: 한국문화사, 1995) ⑤ 이익섭, 사회언어학, (서울: 민음사, 1994) 등 참조

(educated spoken Arabic)'를 제시했다. 그가 제시한 아랍어 변종의 종류는 아래와 같다.

① 문어체 아랍어(literary Arabic) 고전 아랍어와 현대 표준 아랍어를 의미한다.
② 구두문어체아랍어(oral literary Arabic) 고전 아랍어의 구어체 형태로써, 고전 아랍어의 정음법과 일치하지는 않는다.
③ 교양 구어체 아랍어(educated spoken Arabic) 아랍 지식인들 사이에서 그들의 생활어와 지역 간의 의사소통의 주요 수단으로써 사용되는 비격식언어다.
④ 평이한 지역방언(plain vernacular) 하위의 비공식 대화에서만 공통적으로 사용되는 변종이다.

위의 변종 중에서 문어체 아랍어는 블랑크가 언급한 표준 고전 아랍어에 해당하고, 교양 구어체 아랍어는 화자가 문어체 아랍어에서의 차용을 통해 지역 방언의 특징을 없애려는 생각에서 주로 사용되며, 평이한 지역 방언은 교양 구어체 아랍어로 종종 대체된다.

모리스(Salib Maurice, 1979)는 원화자들이 문어체 아랍어를 말하는 형태로서 '구어문어체 아랍어(spoken literary Arabic'를 제시하면서, 역사적으로 볼 때, 문어체 아랍어를 말하려는 사람들의 노력은 안정된 변종을 발전시켜 왔고, 결국 이 문어체 아랍어를 말하기 위한 문법 규칙과 제약을 발전시켜 왔다고 주장했다. 모리스는 구어문어체 아랍어의 언어 구조는 구어체와 문어체 아랍어의 특징을 혼합한 형태라고 밝혔다. 그는 구어 문어체 아랍어와 '표준 구두 문어체 아랍어(standard oral literary Arabic)'의 특성을 구분하면서, 외형상 구어문어체 아랍어는 보다 임의적이며 대화의 특성이 강한 반면에 표준 구두문어체 아랍어는 읽기나 꾸란 암송에 주로 사용되고, 내부적으로는, 구어문어체 아랍어는 문어체 아랍어의 어말모음변화가 없으며(수사는 예외), 구어체의 특징을 보다 많이 지니고 있음을 밝혔다. 또한 구어문어체 아랍어는 문어체와 유사한 표현법을 사용한다는 점과 무성구개수폐쇄음 / q / 를 발음한다는 점에서는 구어체와 구분된다고 주장했다. 따라서 구어문어체아랍어를 'qāl speech', 구어체를 'ʔāl speech'라 명명하며 구어문어체 아랍어의 언어적 특징을 설명했다.

전술한 연구들은 아랍어의 언어 상황으로 퍼거슨의 양층 구조 개념을 삼층언어현상 또는 다층언어현상으로 확대·발전시키면서, 고전 아랍어와 순수 구어체 방언 사이의 각 층위들의 특성을 설명하는 데 주력하고 있다.

위의 연구들 중 메이세데스, 샤흐르, 모리스는 자신들이 제안한 중간 변종과 다른 이들이 주장하는 중간어를 구분하기 위해 여러 가지 변별적인 특성들을 제시하고 있으나, 본질적으로 공통된 형태라 할 수 있다. 이들이 주장하고 있는 삼층언어현상은 퍼거슨의 양층언어현상보다 발전된 개념이기는 하나 두 개의 층위 사이에 중간어[7]를 삽입함으로써 삼층 구조 또는 다층 구조로 이해하고 있다는 점에서는 층위의 개념을 벗어나지 못하고 있어 퍼거슨의 주장과 근본적인 면에서는 큰 차이를 보이고 있지는 않다.

---

7) 하리(B.H. Hary, 1992)가 언급한 중간어의 주요한 언어적 특징은 아래와 같다.
　① 어말의 격(법) 표지가 사라진다.
　② 주어＋동사＋목적어 어순을 선호한다.
　③ 쌍수는 명사에서만 사용되고, 동사·형용사·대명사에서는 사라진다.
　④ 이중모음이 장모음화된다. (예, ay>ē, aw>ō)
　⑤ 종합적인 언어 형태보다 분석적인 언어 형태를 선호하여 보다 많은 자유 형태소를 이용한다. (예, 소유의 의미를 나타내는 연결형 대신 bitāʕ, dyāl, tabaʕ, ḥaqq 등을 사용)
　⑥ 접속사가 생략된 문장 형태를 선호한다.
　⑦ 주어와 직접 목적어를 고정된 어순으로 지정하거나, 직접 목적어를 나타내는 전치사를 사용한다.

또한, 실제 발화에서 각 층위의 변종이 분명히 구분되어 사용되는 것은 아니며, 각 층위 간의 경계 지점도 분명하지 않고 실제로 이를 찾는 것은 거의 불가능하다. 예를 들어 경상도와 전라도를 구분 짓는 행정상의 경계선은 섬진강을 중심으로 한 화개 지역이지만, 경상도 방언과 전라도 방언의 경계 역시 화개 지역이라고 단정 지을 수는 없다. 이는 인접한 지역의 방언은 지리적 방언 연속체(geographical dialect continuum)을 이루고 있기 때문이다(이상규, 1996).

따라서 관념적으로는 인접한 두 방언 간의 경계 지점을 임의로 설정할 수는 있지만 실제로 그 지점을 구체적으로 지정하는 것은 거의 불가능하다는 것과 같은 이치다.

실제로 아랍어 원화자들의 발화를 고찰해 보면 그들의 발화는 주제·상황·화자와 청자의 학력 수준 등 여러 가지 언어 외적인 요인들에 의하여 순수한 문어체 아랍어와 구어체 아랍어 사이의 다양한 형태의 아랍어를 사용하며 말씨 바꾸기를 일으킨다는 것을 알 수 있다. 또 이러한 변종들은 각각 분리되어 있는 것이 아니라 많은 부분들이 서로 중복되면서 하나의 연속체를 구성하고 있다고 보아야 타당하다.

따라서 아랍어의 언어 상황을 고전 아랍어와 순수한 구어체 아랍어의 양극을 제외한 그 사이의 전체 변종을 하나의 중간 변종으로 간주하여 삼층으로 구분하는 삼층언어현상이나, 중간 변종을 세분하여 여러 개의 층위가 다층으로 존재하는 다층언어현상으로 이해하는 것은 적절하지 않다. 따라서 상층어와 하층어 사이에 존재하는 각 층위들이 서로 중복되면서 연결되어 있는 연속체의 개념인 분광언어현상으로 이해하는 것이 아랍어의 언어 상황에 대한 보다 정확한 이해가 되리라 생각한다.

6) 하리의 모델

하리(1993)는 아랍어의 언어 층위에 관한 연구에서 문어체 아랍어와 구어체 방언을 양극에 놓고, 이 양극 사이에서 주어진 상황에 따라 말씨 바꾸기를 일으키는 화자들의 발화 습관에 주목하였다. 그는 2개의 양극(문어체 아랍어와 순수 구어체 방언)은 단지 가상의 형태일 뿐이라고 주장했다. 즉, 문어체 아랍어로 인식되는 것은 연속체의 한 끝을 이루는 상층 방언이며 구어체 방언으로 인식되는 것은 연속체의 또 다른 끝인 하층 방언이고, 이 양자 사이에는 중층 방언을 발견할 수 있다고 언급했다. 이는 화자가 연속체 상의 모든 변종을 일정한 상황과 제약에 따라 사용할 수 있음을 의미한다. 연속체상의 변종이 구어체 방언의 특징을 점점 더 많이 나타내며 하층 방언으로 접근하면 그 변종은 구어체 방언으로 간주되고, 그 반대이면 문어체 아랍어로 간주된다. 화자는 일반적으로 상층 방언과 하층 방언 사이의 연속체에서 중층 방언을 사용하며, 상황과 필요에 따라 중층 방언을 좌우로 이동시키며 발화하는 것을 볼 수 있다고 주장했다.

이런 현상은 현대 구어체 아랍어의 일부 음운(/ q /, / ṭ /, / ṣ /, / ḍ / 등)의 특징에서도 쉽게 찾아볼 수 있다. 예를 들어 이집트 방언에서 '셋(3)'은 상층 방언에서는 / talātah / 로 발음되지만, 중층 방언에서는 / salāsa /, 하층 방언에서는 / talāta / 로 발음된다. 이러한 발음의 차이를 분리된 각 층위의 특징으로 이해하는 것이 아니라 / talātah / 와 유사한 발음일수록 문어체 아랍어이며, / talāta / 와 발음이 유사해질수록 구어체 방언으로 간주하여 각 변종의 발음의 차이를 연속체의 개념으로 이해하는 것이다. 이러한 관계는 아래와 같은 표로 나타낼 수 있다.

위의 표에서 중층 방언의 성질에 대해서 하리(1993)는 중층 방언은 하나의 변종으로 구성되어 있는 것이 아니라 연속체상의 셀 수 없는 많은 변종으로 구성되어 있다고 했다. 이를테면, 바다위가 구분한 현대 표준 아랍어, 교양 구어체 아랍어, 표준 구어체 아랍어 세 층위를 연속체로서 모두 포함하고 있다. 따라서 중층 방언이 왼쪽으로 이동하면 이는 원화자에 의해 문어체 아랍어로 인식되고, 오른쪽으로 이동하면 구어체 방언으로 인식된다. 즉, 바다위의 모델에서 현대 표준 아랍어는 고전 아랍어와 더 가까운 위치에 있고, 표준 구어체 아랍어는 순수 구어체 방언과 더 가까운 위치에 있으며 이들 각 변종은 별도의 독립된 층위가 아닌 서로 연결된 연속체로 존재한다. 따라서 각 층위 간의 말씨 바꾸기 역시 각 점(點) 간의 이동이 아닌 연속체의 선상(線上)에서 이루어지는 것으로 이해하는 것이 타당하다고 생각한다.

구체적인 예로 대부분의 문헌 자료는 상층 방언에 가깝지만, 대부분의 현대 드라마의 대사와 산문의 대사는 하층 방언과 더 가깝다. 중층 방언은 대게 구어체이며 대중매체에서 가장 빈번하게 사용되지만, 개인 간 편지나 대화에서 문어체로도 사용된다. 그러나 중층 방언은 드라마와 산문의 대사를 제외하고는 문학 작품이나 문어체의 표현 수단으로는 사용되지 않는다.

또 그는 중층 방언을 이동시키는 변수로서 배경(격식성 대 비격식성)과 장소·주제·현대 표준 아랍어에 대한 화자의 능력·화자의 감정 상태·대화 상대자의 학력·대화의 분위기·청중과의 관계 등을 꼽았다.

이러한 변종의 연속체인 중층 방언은 아랍어에만 존재하는 독특한 변종은 아니며 표준어와 방언 간의 변종 접촉이 일어나는 모든 언어 공동체에서 발생하는 공통적인 언어 현상이라 할 수 있다.

따라서 위에서 언급된 메이세데스를 비롯한 여러 사람들에 의해 제시된 중간 변종의 여러 형태들은 서로 분리되어 독립된 개별 층위라기보다는 양극(고전 아랍어와 순수 구어체 방언)의 연속체 선상의 한 점에 있는 변종으로 이해하는 것이 타당하리라 생각한다.

실제로 아랍어 원화자들의 발화를 관찰해 보면 그들의 발화는 주제·상황·화자와 청자의 국적·학력 수준 등 여러 가지 언어 외적인 요인들에 의하여 순수한 문어체 아랍어와 구어체 아랍어 사이의 다양한 형태의 아랍어를 사용하며 말씨 바꾸기를 사용한다는 것을 알 수 있다. 또 이러한 변종들은 각각 분리되어 있는 것이 아니라, 많은 부분들이 서로 중복되면서 하나의 연속체를 이루고 있다고 보아야 타당하다.

따라서 아랍어의 언어 상황은 양층언어현상, 삼층언어현상 또는 다층언어현상으로 이해하는 것보다는 바칼라(M.H.Bakalla, 1984)가 주장한 것처럼 고전 아랍어와 구어체 아랍어의 양극 사이에 여러 층위의 아랍어 변종이 연속체로써 존재하는 분광언어현상의 개념으로 이해하는 것이 더 타당하다고 생각한다. 이는 일반적으로 언어 공동체에서 언어와 방언, 방언과 방언 간의 경계선을 명확히 하는 것이 사실상 불가능하다는 점을 반영하기도 한다.

3. 말씨 바꾸기 현상의 개념과 특징

1) 말씨 바꾸기 현상의 개념

문어체 아랍어와 구어체 아랍어의 양극 사이에 존재하는 다양한 언어 변종을 상황에 따라 선택하여 사용하는 말씨 바꾸기는 아랍인들의 발화를 특징짓는 주요한 현상이다. 따라서 말씨 바꾸기 현상에 대한 이해는 아랍어 공동체의 언어 상황을 이해하는 주요한 실마리를 제공할 것이다.

말씨 바꾸기 현상을 이해하기 위해서는 말씨 바꾸기(code-switching)의 사전적인 의미를 이해할 필요가 있다. '코드(code)'란 단어는 한국어로 '신호체계', '부호'(이정민, 배영남, 1982), 메시지 또는 기술(記述)을 구성하기 위해서 택하는 단위들의 저장(오원교, 1992)으로 해석된다. 더욱 일반적인 의미로는 언어·(발화) 변종·방언 대신에 사용되는 용어로써 때때로 다른 용어들보다 중립적인 용어로 간주되기도 하며, 특정 언어 공동체 내에서의 언어사용이나 변종을 강조하려 할 때 사용된다. 예를 들면 뉴욕에 거주하는 팔레스타인인들은 2개의 코드, 즉, 아랍어와 영어를 가지고 있다고 말할 수 있고, 더 세분하여 영어·팔레스타인 구어체 아랍어·문어체 아랍어의 3개의 코드를 가지고 있다고 말할 수도 있다.

'말씨 바꾸기'는 대화 시에 말씨가 화자(또는 작가)에 의해 한 변종에서 다른 변종으로 전환되는 것을 의미하며, 화자가 대화에서 여러 가지 동기로 인해 말씨를 바꾸는 것뿐만 아니라, 한 화자가 language a(이하 'la'로 표기)로 질문했을 때 청자가 language b(이하 'lb'로 표기)로 답변하는 것도 포함된다(J.C. Richards & J.Platt H.Platt, 1992)고

정의할 수 있다.

따라서 말씨 바꾸기 현상은 화자나 청자가 동일한 발화나 대화에서 두 개의 언어나 언어 변종을 교대로 사용하는 것으로써, 이중 언어화자에게는 두 개의 언어를 교대로 사용하는 것이며, 단일 언어화자에게는 문체의 변화를 포함한다(C. Hoffman, 1991)고 할 수 있다.

2) 말씨 바꾸기의 제약

1960년대까지만 해도 말씨 바꾸기 현상에 대한 인식이 부족하여, 말씨 바꾸기 현상은 불완전한 이중 언어의 수행이나 화자의 변덕 또는 적당한 표현을 찾기 위해 일으키는 임의적인 전환 정도로 생각되어 언어학자들에게 조차도 단순히 특이한 언어 현상으로 간주되었다. 심지어 랜스(Lance D, 1975)는 미국에서 영어·스페인어 간의 말씨 바꾸기 현상을 분석하면서 말씨 바꾸기는 마구잡이식으로 일어나며 통사적인 제약은 없다고 주장하여 말씨 바꾸기 현상에 대한 인식이 빈약했음을 보여준다.

그러나 사회언어학의 발달과 함께 말씨 바꾸기는 마구잡이식으로 일어나는 것이 아니라 일반적인 기저제약의 지배를 받는다는 점이 발견되면서 랜스의 주장은 퇴색되었다. 예를 들어, 아랍어·불어의 말씨 바꾸기에서 아랍어 전치사와 불어 명사 간의 말씨 바꾸기는 일어나지만 그 반대 형태는 일어나지 않는다는 점과 스페인어·영어의 문장 내 바꾸기에서 la의 전치사가 lb의 어휘 사이에 올 수 없다거나, la의 접속사가 lb의 두 문장을 연결할 수 없다는 점 등 말씨 바꾸기의 제약이 발견되면서 말씨 바꾸기가 무분별한 어휘의 혼합이 아님이 입증되기 시작했다.

또한 카왈리의 주장에서는 아랍어와 영어의 말씨 바꾸기에서 아래와 같은 상황에서는 말씨 바꾸기가 일어나지 않았음을 알 수 있다.

① 영어의 정관사와 아랍어 명사 간의 말씨 바꾸기: the walad ʔaxaḏ kitābī 그 소년이 내 책을 가져갔다.
② 소유 대명사와 형용사 간의 말씨 바꾸기: my ʔajraq book 나의 파란색 책
③ 전치사와 명사 간의 말씨 바꾸기: ḏahaba to al-madrasah 그는 학교에 갔다.
④ 인칭대명사와 미완료의 인칭 표지어 간의 말씨 바꾸기: we naʕrif maḏa sanafʕal 우리는 우리가 무엇을 할 것인가를 알고 있다.

그러나 이러한 제약들은 모든 언어들에 공통적으로 적용될 수 있는 말씨 바꾸기의 언어적 제약으로 간주하기는 곤란하다. 예를 들어, 인도어·영어의 문장 간 바꾸기에서는 문장을 연결하는 접속사는 접속사 전후의 문장과 같은 언어라야 하지만, 아랍어 불어의 말씨 바꾸기에서는 이런 규칙이 발견되지 않았다. 또한, 스페인어·영어의 말씨 바꾸기에서는 두 언어 간의 통사적인 충돌이 발생했을 때, 말씨 바꾸기가 발생하지 않았으나 동일한 상황에서 아랍어·영어의 말씨 바꾸기에서는 발생했다.

즉, 형용사-명사의 수식 관계에서, 일반적으로 전치 수식을 취하는 영어와 후치 수식을 취하는 아랍어의 수식 방향이 서로 충돌하지만 아랍어·영어의 말씨 바꾸기에서는 아랍어의 어순에 일치하는 말씨 바꾸기가 발생했다.

(예) 영   어: beautiful their house
     아 랍 어: bēthum al-jāmīla

말씨 바꾸기: bēthum beautiful 아름다운 그들의 집.

따라서 말씨 바꾸기 현상의 문법적 제약은 모든 언어에 공통적으로 적용될 수 있는 공통분모를 찾기보다는 각 언어별로 개별적인 말씨 바꾸기의 특징과 제약이 존재하는 것으로 이해하는 것이 타당하다.

3) 말씨 바꾸기와 말씨 섞기

말씨 바꾸기의 제약이 존재한다는 사실이 확인되면서 말씨 바꾸기는 유아기의 언어적 미숙함이나 훼손, 제2언어를 제대로 습득하지 못했거나 각 변종들을 구별하지 못한 증거가 아니라 특정한 의미를 전달하기 위한 화자의 의도적인 발화 전략임이 입증되었다.

말씨 바꾸기 현상의 이러한 특성은 이중 언어사회에서 필연적으로 나타나는 것으로써, 이중 언어 발화의 가장 창조적인 발화 전략이라 할 수 있다. 정상적인 모든 화자는 상황에 따라 아주 광범위하게 그들의 언어를 다양하게 사용한다는 것은 잘 알려진 사실이다. 예를 들어, 단일 언어화자는 한 가지 언어 변종을 주로 사용하지만, 이중 언어화자는 ① la, ② lb, ③ la+lb+la, ④ lb+la+lb의 4가지 형태의 언어 변종을 사용함으로써 보다 다양하며 풍부한 의사 전달을 할 수 있다는 것이다.

또한 단일 언어사회의 화자의 발화에서도 단일 문체만으로 대화를 지속하는 화자는 거의 없으며 다양한 문체를 사용하며 의사 표현을 한다. 따라서 상황에 따라 적당한 언어 형태를 깨닫고 인식하는 능력인 말씨 바꾸기를 통한 의사소통 능력은 외국인 학습자에게는 특히 어려운 것으로써 외국어 숙련도의 최상급 과정에서 어느 정도 가능하다 하겠다.

따라서 말씨 바꾸기는 말을 배우기 시작하는 유아기의 언어적 미숙함이나 제2언어의 미숙련에 의해 나타나는 말씨 섞기(code-mixing) 현상과는 구분되어야 한다고 생각한다. 이중 언어사회에서의 말씨 바꾸기는 모국어 외에 다른 언어를 말한다는 것을 깨달은 후에 나타나기 시작한다는 점에서 유년기나 언어 습득 초기 단계에 나타나는 말씨 섞기와는 구분된다.

말씨 섞기는 제2언어의 미숙련기에 제1언어에 제2언어가 어휘의 수준에서 단순히 차용된다는 점에서 말씨 바꾸기와는 구분된다. 이는 제2언어를 완전히 습득하지 못한 단계에서는 단순히 단어를 혼합하지만, 능숙한 이중 언어화자들은 단어뿐만 아니라 구와 절을 전환하며 사용한다는 점에서 구분된다. 또한 말씨 바꾸기에 익숙한 화자는 단순히 문체를 전환시키는 것이 아니라 의미를 만들어 내기 위해 상호 간의 말씨를 선택적으로 공존시킨다는 점에서도 말씨 바꾸기는 말씨 섞기에 비해 한 차원 높은 발화 형태임을 알 수 있다.

따라서 유아기나 제2언어의 미숙련 단계에서 단순히 단어를 섞어서 사용하는 것은 말씨 바꾸기로 간주할 수 없으며, 이중 언어화자로서 말씨 바꾸기를 수행하기 위해서는 제2언어에 대한 상당한 수준의 언어 숙련도가 요구된다 하겠다.

또한 말씨 바꾸기는 전쟁 등으로 인한 피난과 직업 등의 이유로 인해 미국, 영국, 독일 등으로 이주를 한 남미, 아시아, 아프리카 출신의 이주민들의 발화에서도 쉽게 관찰된다. 이주민들은 대개 정착한 사회의 주변 계급을 형성하고, 직업 등의 필요에 의해 이주한 나라의 언어를 습득하여 말씨 바꾸기를 수행한다. 그러나 이러한 사실들로 인해 말씨 바꾸기를 사회 주변 계급의 발화 특징으로 간주할 수는 없다.

말씨 바꾸기가 언어 이동의 과정에 있는 많은 이주민들이 사용하는 것은 사실이지만, 실제로 미국의 상류 계층에 속하는 대부분의 화자들은 이중 언어 내지는 다중언어화자로서 상황에 따라 여러 가지 형태의 언어와 문체를 선택하여 자연스럽게 말씨 바꾸기를 수행하고 있음을 볼 수 있다. 따라서 말씨 바꾸기는 이주민 등 사회·경제적 주변 계급들이 생계를 위해 선택하는 수단이 될 수도 있지만, 사회의 상류 계층에서 사용하는 세련된 언어 전략이기도 하다.

　이러한 연구 과정을 통해서 말씨 바꾸기는 언어 습득 초기 단계의 과도기적인 혼란 상태가 아니라, 이중 언어 내지는 동일 언어의 여러 변종들을 충분히 습득한 화자가 대화의 주제, 배경, 대화 상대자 등의 변인에 따라 자신의 의사를 분명히 전달하기 위해 사용 가능한 변종들을 적절하게 선택하는 의도적인 발화 전략으로 정의내릴 수 있다.

4. 말씨 바꾸기의 동기와 형태

1) 말씨 바꾸기의 동기

　말씨 바꾸기의 목적이 화자의 정확한 의사 전달과 심리 상태의 표현이라는 관점에서 볼 때, 말씨 바꾸기의 동기는 화자와 청자 주변의 외부적인 상황의 변화와 화자 및 청자의 심리적인 측면과 관련이 있다 하겠다.

　말씨 바꾸기의 동기를 구체적으로 규명한 블룸과 굼페르즈(1972)는 말씨 바꾸기를 배경(setting), 상황(situation), 사건(event)에 따라

'은유적 말씨 바꾸기(metaphorical code switching)'와 '상황적 말씨 바꾸기(situational code switching)'로 구분했다. 은유적 말씨 바꾸기는 동일한 배경에서 발생하는 두 개 이상의 다양한 관계에 따라 말씨 바꾸기가 일어나는 경우다. 즉, 동사무소의 직원이 업무상의 일을 처리하는 경우는 표준어를 사용하지만, 안면이 있는 지역 주민과 인사를 나눌 때에는 지역 방언을 사용하는 경우다. 상황적인 말씨 바꾸기는 사회적인 상황이 변함에 따라 변종이 바뀌는 경우다. 즉, 동일한 지역 배경을 가진 사람과의 대화에 외부인이 대화에 참여했을 때 말씨 바꾸기가 일어나는 경우다.

이 연구에서는 말씨 바꾸기의 동기로써 대화 주제의 격식성 유무와 대화 참여자들의 출신 배경 등을 고려했으며, 대화 상대자와의 사회적인 친밀도와 거리감을 표현하려는 화자들의 의식도 중요한 동기로 간주했다.

말씨 바꾸기를 동기에 따라 상황적 말씨 바꾸기와 은유적 말씨 바꾸기로 구분한 굼페르즈의 견해는 2가지의 구분이 애매하여 정확하지 않기 때문에 그 후 많은 학자들의 논쟁거리가 되어 왔다. 프라이드(J.B.Pride, 1979)는 말씨 바꾸기 현상을 상황적 말씨 바꾸기와 은유적 말씨 바꾸기로 대조한 것은 기본적으로 잘못된 것이다. 왜냐하면 일반적으로 사회적인 상황은 부가적인 요소가 더해진다 해서 급격하게 변하지는 않기 때문이라고 주장했고, 아우르(J.C.p.Auer, 1984)는 양자 간의 구분은 없어져야 하고 연속체로써 대체되어야 한다고 주장하며 굼페르즈의 의견을 반박했다. 이 논쟁은 아직까지 결론을 내리지는 못하고 있으며 각 개인에 따라 필요에 의해 구분해서 사용하거나 유사한 개념으로 파악되고 있다.

굼페르즈는 말씨 바꾸기를 상황적 말씨 바꾸기와 은유적 말씨 바꾸기로 구분하여 그 형태와 특징을 설명했지만, 필자는 말씨 바꾸기가 항상 상황적 말씨 바꾸기와 은유적 말씨 바꾸기로 분명히 구분되어 발생하지는 않으며, 경우에 따라서는 두 가지가 동시에 발생하는 경우도 있다고 생각한다. 따라서 두 가지의 말씨 바꾸기가 서로 뚜렷하게 구분되어 있는 것이 아니라 상당히 많은 부분들이 서로 중복되어 관련을 지니고 있기 때문에, 굼페르즈가 제시한 상황적 말씨 바꾸기와 은유적 말씨 바꾸기 외에 두 가지 형태가 서로 융합된 '복합적 말씨 바꾸기'(complex code switching) 등 세 가지 형태로 발전시키는 것이 보다 타당하다고 생각한다.

화자와 청자 간의 개인적인 관계와 교육 배경 역시 말씨 바꾸기의 중요한 동기로 간주된다. 즉, 서로 친숙하고 교육적, 인종적, 사회·경제적 배경을 공유하고 있는 사람들 간의 비격식 대화에서 말씨 바꾸기는 빈번하게 나타나지만, 공통점이 거의 없는 사람들 간의 격식 대화에서는 말씨 바꾸기가 잘 나타나지 않는다.

이 점은 스코튼(C.M.Scotton, 1982)이 케냐에서 동일한 언어 목록을 가진 사람들의 일상 대화에서 나타나는 말씨 바꾸기에 대한 연구에서 입증되었다. 화자들은 인종적인 유대감을 표시하기 위해 공통의 모어인 루흐야어(Luhya)[8]를 사용했고, 자신의 교육 배경에 대한 우월감을 표시하기 위해 영어를 사용했다. 또한 스웨덴어와 에스토니아어의 말씨 바꾸기에서 에스토니아인들은 에스토니아어에 적당한 대응어가 있음에도 불구하고 특정 어휘 항목을 스페인어로 말씨 바꾸기를 하였는데 이는 화자들이 사용하는 스페인어가 그들이 표현하고자 하는 이상적인 의미를 담고 있거나 다른 언어에는 없는 경험을 공유할 수 있을 뿐만 아니라, 지적 우월감의 표시라는 옥사르(E.Oksaar, 1974)의 연구 결과에서도 입증된다.

또한, 특정 지역이나 단체나 국가 등에 대한 소속감이나 이탈의 표현, 민족적 정체성의 표현이나 거부, 개인 또는 집단적 우월감의

---

8) 아프리카의 케냐 서부 지역 빅토리아 호수와 우간다 사이에 거주하는 루흐야인들이 사용하는 반투어의 한 종류.

과시를 위해서 말씨 바꾸기를 일으키는 경우도 있다. 이는 미국에 거주하는 푸에르토리코인과 스웨덴의 에스토니아인들은 민족의 정체성 표현을 위해서 말씨 바꾸기를 사용한다는 폽락(S. Poplack, 1980)의 연구에서도 확인할 수 있다.

이외에도 특정 변종이 지닌 영향력, 언어 숙련에 대한 과시, 비밀, 사회적 간격의 확대, 강조, 시, 속담, 격언 등의 인용, 대중 속에서 특정인과의 대화, 상대의 지정, 감정 표현, 문화적 태도, 개인의 적성, 특성, 공동체 의식과 친밀감의 전달 등을 말씨 바꾸기의 동기로 지적할 수 있으며, 말씨 바꾸기 능력을 결정해 주는 요소로는 언어 학습 연령, 교육 배경, 해외 거주 연수, 직업, 말씨 바꾸기 사용 동기 등을 언급할 수 있다.

위에서 언급된 말씨 바꾸기의 여러 동기들은 모든 언어 공동체에 균등하게 적용되는 것이 아니라, 각 언어 공동체에 따라 다양하게 적용된다. 이를테면, 이라크인들의 말씨 바꾸기를 조사한 파리다는 화자의 성(性)은 말씨 바꾸기와 무관하다는 결론을 제시했지만 요르단의 언어 상황을 조사한 에남(Enam E.W, 1991)은 남성들보다 여성들이 그들의 발화에서 말씨 바꾸기를 빈번하게 사용함을 입증함으로써 말씨 바꾸기와 성(性)의 관련성을 보여주었다. 즉, 이라크에서 실시된 조사에서는 성(性)이 말씨 바꾸기에 아무런 영향을 끼치지 않은 것으로 나타났으나, 요르단에서는 성(性)에 따른 말씨 바꾸기의 빈도 차이가 나타났다.

이는 지역적인 특성이나 표본 추출의 차이에 따라 말씨 바꾸기 현상이 다양하게 나타날 수 있다는 점을 의미한다. 따라서 말씨 바꾸기의 동기도 언어 공동체에 따라 다양하게 적용되며 한두 가지 요인이 주요 동기로서 작용할 수는 있으나 이러한 요인에 전적으로 의존하여 말씨 바꾸기가 발생하지는 않는다. 즉, 파리다와 에남의 두 연구의 차이를 통해서, 화자의 성(性) 그 자체가 말씨 바꾸기 현상을 결정짓는 요인이 아니라, 말씨 바꾸기 현상을 결정짓는 많은 요인들 중의 하나로서 고려되어야 한다는 것을 알 수 있다.

따라서 말씨 바꾸기를 일으키는 동기는 이미 언급한 배경의 격식성 유무와 장소, 주제, 상위 변종에 대한 화자의 언어 능력, 화자의 감정 상태, 대화 상대자의 학력, 대화의 분위기, 대화 상대자나 청중과의 관계 등을 들 수 있지만, 이러한 개별 요인들이 독자적으로 작용하여 말씨 바꾸기를 일으키기보다는 이들 요인들의 복합적인 상호작용에 의하여 말씨 바꾸기가 일어난다고 할 수 있다.

2) 말씨 바꾸기의 형태

개별 언어 공동체에서 나타나는 말씨 바꾸기의 형태 역시 다양하게 나타난다. 단일 언어사회에서는 문체의 바꾸기 형태로, 이중 및 다중언어사회에서는 언어 간의 바꾸기 형태로 주로 나타나며, 전환 수준은 문장 내의 음운, 단어, 구, 절이 바뀌는 '문장 내 바꾸기(intra-sentential switches)'와 문장 단위로 바뀌는 '문장 간 바꾸기(inter-sentential switches)'로 구분할 수 있다(C.Myer & C.M.Scotton, 1993).

문장 내 바꾸기와 문장 간 바꾸기 두 가지 모두 ① la+lb, ② la+lb+la, ③ la+lb+la+lb의 형태로 나타날 수 있으며, 이러한 형태의 결정은 말씨 바꾸기의 동기와 화자의 심리적인 상태에 따라 이루어진다 하겠다.

호프만(1992)은 언어 공동체에서 나타날 수 있는 말씨 바꾸기의 형태를 다음과 같이 다섯 가지로 분류했다.

① 문장 내 바꾸기(intra-sentential switches)

▸ 스페인어 - 영어 이중 언어

"I started going like this. Y luego decía (and then he said), look at the smoke coming out my fingers." (Valdés Fallis 1982: 220)

② 문장 간 바꾸기(inter-sentential switches)

▸ 영어 - 독일어 - 스페인어 삼중 언어

Mother: Na, wie war's beim Fuβ ball? (How was the football?)

Pascual: Wir haben gewonnen. Unsere Seite war ganz toll. Ich warder(We won. Our team was brilliant. I was……) *goalie. I stopped eight goals.* They were real hard ones. (And turning towards the pan on the cooker he continued) 'as gibt's zu essen?'(What are we eating today?)

③ 대화 상대에 따른 바꾸기

▸ 카탈란어9) - 스페인어 이중 언어

'yse van a molestar, no? No tienen por qué (They are going to be annoyed, aren't they? But there is no reason why they should)

'Bueno! Sí que tienen por qué (Well! They do have a reason')

'*O sigui, o l'encenen amb nosaltres o*……'(I mean, either they have

---

9) 변광수(편, 1993)

바르셀로나, 발렌시아, 알리칸테시를 포함하고 있는 이베리아 반도의 동해안 지방인 카탈로니아에서 사용되는 언어로써 13˜16세기에는 이 지방 출신의 문예인들이 대거 작품 활동을 벌인 까닭에 카탈란어가 문학적인 언어로 평가되기도 한다.

the bonfire with us or……’) (Calsamiglia and Tusón 1984: 115)

④ 상징적 바꾸기(emblematic switching)
▸ 스페인어-영어 이중 언어
‘……Oh! <u>Ay!</u> It was embarrassing! It was very nice, though, but I was embarrassed!’ (Silva-Corvalaán 1989: 185)

⑤ 음운 바꾸기
(동생을 친구에게 소개시키며)
Cristina: This is Pascual [paskwál]
(제대로 듣지 못했음)
Friend: What’s his name?
Cristina: *Pascual*!
[paskwǽł] Friend: Oh!

위에서 제시된 예에서 볼 수 있는 것처럼, 말씨 바꾸기는 음운에서 단어, 구, 절과 문장에 이르기까지 언어의 모든 구성 성분을 총망라하여 발생할 수 있고, 이중 언어사회와 다중 언어사회는 물론 단일 언어사회에서도 폭넓게 일어나는 일반적인 언어 현상임을 알 수 있다.

말씨 바꾸기의 형태는 말씨 바꾸기를 일으키는 주체에 따라 화자나 작가가 일으키는 ‘생산적 말씨 바꾸기(productive code switching, at-taḥawwul al-ʔintājī)’와 화자나 작가가 말씨 바꾸기를 수행함에 따라 청자나 독자도 함께 말씨 바꾸기를 하는 ‘수용적 말씨 바꾸기(receptive code switching, at-taḥawwul al-ʔistaqbālī)’로 구분할 수 있다(C.Hoffman, 1991).

또한, 파리다(1988)는 이라크 대학생들의 아랍어·영어의 말씨 바꾸기의 동기와 형태에 대한 연구에서, 말씨 바꾸기를 제2언어의 숙련도나 화자의 심리적 요인과 필요성에 따라 '문맥적 말씨 바꾸기 (contextual code switching)', '상황적 말씨 바꾸기(situational code switching)', '기능적 말씨 바꾸기(functional code switching)', '우위적 말씨 바꾸기(prestigious code switching)'로 구분하였다.

문맥적 말씨 바꾸기는 대화의 문맥이 특정 주제나 화제와 관련이 있거나, 특정 언어로 보다 잘 표현할 수 있을 때 나타나는 현상이다.

① / He died in London bas il-fātḥa bil-ʕirāq /
그는 런던에서 죽었다. 그러나 장례식은 이라크에서 치러질 것이다
② / riḥna tsawwagna w baʕdeen waddēna hana to the Tower of London /
우리는 쇼핑을 하고 난 후에 하나를 데리고 런던탑에 갔다

위의 예에서 ①은 화자가 영어로 문장을 시작하고 있지만, 무슬림의 장례식은 아랍어로 가장 잘 표현될 수 있다고 생각하기 때문에 아랍어로 말씨 바꾸기를 수행했다. 또한 ②에서도 역시 화자가 아랍어로 문장을 시작하였지만 런던탑은 영어로 표현하는 것이 타당하다고 판단하여 영어로 말씨 바꾸기를 하였다.

상황적 말씨 바꾸기는 대화 상대자의 나이, 성(性), 사회적 지위에 따라 발생하는 현상이다.

③ / I'll take the job yaʕni lō qiblooni /
당신이 허락한다면 나는 이 직업을 택할 것입니다
④ / gūmu da-nrūḥ lil-sīnama if you're feeling up to it that is /
극장에 갈 수 있으면 극장에 가자

③에서는 여성 화자가 대화 상대자와의 관계를 고려하여 대화 상

대자인 남성 화자에게 보다 겸손하게 보이기 위하여 아랍어로의 말
씨 바꾸기를 하였고, ④에서는 영어·아랍어의 이중 언어화자들 간의
발화에서 화자는 무의식적으로 아랍어로 시작하지만 대화 상대자들
이 이중 언어화자인 것을 고려하여 영어로 말씨 바꾸기를 하고 있다.

기능적 말씨 바꾸기는 화자가 특정한 언어로 감정이나 의사를 표
현하는 것을 곤란해하거나 어휘가 부족하여 다른 언어에 의존할 경
우에 나타나는 현상이다.

⑤ / sallamit ʕalē w sawwa nafsa he hadn't seen me, the sod /
　나는 그에게 인사를 했다. 그러나 그는 나를 못 본 척했다 그 자식……
⑥ / I hope he'll recover alla čibīr /
　나는 그가 회복되기를 기원한다. 하나님의 은총으로

⑤에서 능숙한 이중 언어화자인 여성 화자는 그녀의 분개와 저주
를 표현하기 위해서 영어로 말씨 바꾸기를 하였다. 이는 아랍어로
욕설을 하는 것은 적당하지 않다고 생각하기 때문에 영어를 통해 그
녀의 감정을 충분히 표현하려는 심리적인 반응의 결과이다. ⑥은 이
중 언어사용자인 화자가 영어에 익숙하지 않은 청자를 위해 영어에
서 아랍어로 말씨 바꾸기를 하였다.

우위적 말씨 바꾸기는 아랍어 원화자들이 과학 용어나 추상적인
개념을 말할 때 일종의 사용역(register)으로서 영어로 말씨 바꾸기를
하는 현상이다.

⑦ / aani ka individual lāzim abayyin rayī /
　/ 개인적으로, 나의 의견을 밝혀야만 한다 /

⑧ / hal-suʔāl jiddan hypothetical /

　/ 이 문제는 대단한 가설이다 /

　위와 같이 말씨 바꾸기 현상의 형태와 종류는 화자의 심리적 요인과 대화의 배경, 의미의 명확한 전달, 청자와 화자의 관계 등에 따라 그 형태가 결정된다. 그러나 이러한 말씨 바꾸기의 형태들이 분명히 구분되어 있는 것은 아니며 서로 중복되어 나타나기도 한다.

　본 장의 연구를 통해서 아랍어의 말씨 바꾸기 현상은 아랍어와 외래어, 문어체 아랍어와 구어체 아랍어, 도시 방언·시골 방언·베드윈 방언 등 구어체 지역 방언 간의 말씨 바꾸기 등 다양하고 복잡한 형태로 나타난다는 것을 알 수 있다. 특히, 지식인 계층의 경우는 위의 3가지 형태의 말씨 바꾸기가 상황에 따라 동시에 복합적으로 발생할 수도 있다.

　따라서 화자의 학력 수준, 연령, 대화의 상황 등에 따라 다양하게 나타나는 말씨 바꾸기에 대한 연구는 아랍인들이 발화 특징을 이해하기 위한 중요한 자료가 된다.

Ⅲ
팔레스타인 아랍어의 특징

본 장에서는 팔레스타인 아랍어의 음운론·통사론·형태론 등의 언어적 특징과 사회언어학적 배경 및 언어 상황을 논하겠다. 이는 본고의 조사 지역이 팔레스타인의 라말라[1]인 점을 감안하여 팔레스타인 아랍어의 언어적 특징과 사회언어학적 배경을 논함으로써 아랍어의 언어 상황에 대한 이해를 높이기 위한 것이다. 또한 라말라에서 수집한 설문조사의 분석을 통하여 팔레스타인의 언어 상황에 대한 원화자들의 인식을 분석함으로써 본 연구의 실증적인 근거를 제시하겠다.

1. 팔레스타인 아랍어의 특징

1) 음운론의 특징

고전 아랍어의 자음은 28개인 데 비하여, 현대 표준 아랍어의 자음은 고전 아랍어의 자음에 /p/, /v/, /g/를 추가한 31개이며, 팔레스타인 아랍어는 4개의 외래 자음 /č/, /ḷ/, /ḍ/, /c/가 더해진 35개이다.[2] 이를 카도라(F.Cadora, 1976)에 따라 구분해 보면 아래와 같다.

---

1) 라말라는 예루살렘 북쪽 약 20km지점에 위치한 작은 도시지만, 팔레스타인 자치정부의 청사가 위치해 있는 팔레스타인의 주요 도시다. 'Ramallah'는 '높은 장소'란 의미의 아람어 'Rama'와 '하나님'이란 의미의 아람어 'Allah'의 합성어로서 '하나님의 언덕'이란 의미다.
2) 이집트 구어체 방언의 자음은 31개이고, 요르단 구어체 아랍어의 자음은 33개로 간주된다.

	양순음	치간음	인두치간측음	치음	치경음	인두치구개음	치경구개음	연구개음	구개수음	인두음	성문음
폐쇄음	p, b			t, d		ṭ, ḍ		k, g	q		ʔ
마찰음	f, v	ṯ, ḏ	(ḏ)	s, z		ṣ, ẓ	š	x, ɣ		ḥ,ʕ(c)	h
파찰음							(č), j				
비 음	m				n						
측 음				l		(ḷ)					
진동음				r							
반모음	w						y				

(　)안은 팔레스타인 아랍어

위의 팔레스타인 아랍어의 자음은 각 자음의 위치에 따라 다양한 형태로 변화하고 각 지역 변종(도시·시골·베드윈)에 따라 다양한 음가로 실현되기도 한다. 예를 들어 성문 폐쇄음인 함자 /ʔ/ 는 어두에서 /ʔ+모음/ 일 경우 탈락하거나 /w/ 로 대체된다.

    (예) / ʔinta / > / inta /　　　　‘당　신’
    　　　/ ʔayna / > / wēyn /　　　　‘어디에’

어말에서는 함자가 탈락하거나 / w /, / y / 등의 반자음이 선행하면 반자음에 동화된다.

    (예) / samāʔ / > / samā /　　　　‘하　늘’
    　　　/ ḍawʔ / > / ḍaww /　　　　‘불　빛’

문어체 아랍어의 무성구개수폐쇄음 /q/ 는 도시 방언에서는 성문

폐쇄음 / ? / 로 실현되고, 시골 방언에서는 무성연구개폐쇄음 / k / 로,
베드윈 방언에서는 유성연구개폐쇄음인 / g / 로 각각 실현된다. 문어
체 아랍어의 무성연구개폐쇄음 / k / 는 도시 방언과 베드윈 방언에서
는 / k / 로, 시골 방언에서는 무성치경구개파찰음 / č / 로 각각 실현된
다. 문어체 아랍어의 유성치경구개파찰음인 / j / 은 시골과 베드윈 방
언에서는 / j / 로 실현되지만, 도시 방언에서는 유성치경구개마찰음 /
ž / 로 실현되었다.3) 문어체 아랍어의 무성치간마찰음 / t̲ / 는 시골과
베드윈 방언에서는 / t̲ / 로 실현되지만, 도시 방언에서는 무성치마찰
음 / s / 와, 무성치폐쇄음 / t / 로 실현되었다.4) 문어체 아랍어의 유성
치간마찰음 / d̲ / 는 시골과 베드윈 방언에서는 / d̲ / 로 실현되지만,
도시 방언에서는 유성치마찰음 / z / 로 실현되었다.5) 이를 도표로 나
타내면 아래와 같다.

문어체 아랍어	도시 방언	시골 방언	베드윈 방언
q	?	k	g
k	k	č	k
j	ž	j	j
t̲	s, t	t̲	t̲
d̲	z	d̲	d̲

모음에 있어서는 문어체 아랍어의 모음이 / a, i, u / 의 3개의 단모
음과, 장모음 / ā, ī, ū /, 이중모음 / ay, aw / 등 모두 8개 음운인 데

---

3) 이집트 방언에서는 / g / 로, 걸프지역 방언에서는 / y / 로 발음된다.
   (예) / jamal / > / gamal / 낙타 (이집트 방언) / rajul / > / riyyāl / 남자 (걸프
   지역 방언).
4) 이집트 방언에서는 / s / 또는 / t / 로 발음된다.
   (예) / t̲alīt̲ / > / salīs / 또는 / talit / 셋 (이집트 방언)
5) 이집트 방언에서는 / d / 또는 / t / 로 발음된다.
   (예) / ʔidā̲ʕah / > / ʔidāʕah / 방송 (이집트 방언)

비해, 팔레스타인 아랍어의 모음은 이외에 /ē/와 /ō/를 추가하고
있다. 여기서 /ē/는 /ay/의 변이음 (/ay/ > /ē/)으로, /ō/는 /aw/
의 변이음 (/aw/ > /ō/)으로 간주된다.[6] 교육받은 화자들은 대부분
의 격식적인 상황에서는 이중모음을 발음하지만, 비격식적인 상황에
서는 /ē/와 /ō/로 발음한다. 따라서 이중모음의 발음과 관련하여서
는 교육이 음운의 변화를 결정짓는 중요한 요인이라 할 수 있다.

(예) / bayt / > / bēt /　　　　배
　　 / sayfak / > / sēfak /　　당신의 칼
　　 / dawla / > / dōla /　　　국 가
　　 / fawq / > / fō? /　　　　위 에

　그러나 이러한 이중모음의 장모음화는 어말, 반모음 /w/나 /y/
앞, 모음이 뒤따를 때는 나타나지 않는다.

(예) / ḥay / > / ḥay /　　　　　살아있는
　　 / jaw / > / žaw /　　　　　날 씨
　　 / dawwar / > / dawwar /　　돌리다
　　 / jayyid / > / žayyid /　　　좋 은
　　 / jawāb / > / žawāb /　　　대 답
　　 / ṭawīl / > / ṭawīl /　　　　긴

　또한 첫 번째 어근자가 /w/나 /y/인 단어의 수동 분사, 미완료
1인칭의 주어 표지어와 비교급에서도 이중모음의 장모음화는 나타나
지 않는다.

---

6) 이중모음의 장모음화는 팔레스타인 아랍어뿐만 아니라 이집트 아랍어
　 등 대부분의 구어체 아랍어에서 나타나는 일반적인 현상이다.

(예) / mawžūd /   존재하는   / awžad /   내가 발견한다
    / mawṣūl /   연결된   / ʔaṣwa /   더 넓은
    / awṣal /   내가 도착한다   / awdaḥ /   더 깨끗한

장모음은 강세가 있는 장폐음절에서는 단축되었고 강세가 없을 때에는 짧아진다.

(예) / mā ṭārš / > / ma ṭárš /   그가 날지 않았다
    / mā-žāš / > / ma-žāš /   그가 오지 않았다
    / háda / > / hadák /   이것>저것
    / hadōl / > / hadolāk /   이것들>저것들

단모음은 강세 음절 앞에서 탈락한다.

(예) ḥizám>ḥzām   벨트
    taʕàllam>tʕallam   그가 배웠다

팔레스타인 아랍어의 음운과 모음에서 나타나는 이러한 특징들은 문어체 아랍어와 구분되는 팔레스타인의 아랍어의 변별적 특징이라 할 수 있다. 이러한 음운의 차이는 팔레스타인 화자의 비격식적인 대화에 반영되어 말씨 바꾸기를 통해 실현된다. 즉, 화자는 문어체 아랍어의 음운과 구어체 아랍어의 음운을 상황에 따라 적절히 사용하여 발화를 하며 이는 팔레스타인 화자들의 말씨 바꾸기의 중요한 형태 중의 하나로 간주된다.

2) 통사론·형태론의 특징

팔레스타인 아랍어의 통사·형태론적 특징은 다른 지역 방언의 특징들과 유사하다. 즉, 고전 아랍어의 특징인 어말모음변화가 구어체 아랍어에서는 사용되지 않았고, 명사문을 주로 사용한다. 또한 부정의 표시로서 동사가 있는 문장은 / mā-š /, 동사가 없는 문장은 / miš / 가 사용되었다.

(예) ① 동사가 있는 경우: / mā-š / 로 부정한다.

ⓐ / lwalad štara čtāb /   소년이 책을 샀다.
　→ / lwalad mā-štara-š čtāb /   소년이 책을 사지 않았다.
ⓑ / lmasʔala nḥallat /   문제가 해결되었다.
　→ / lmasʔala mā-nḥallat-š /   문제가 해결되지 않았다.
ⓒ / abūha bištɣil ʕašar saʕat fī lyōm / 　그의 아버지는 하루에 10시간 일한다.
　→ / abūha mā-bištɣil-š ʕašar saʕat fi lyōm /   그의   아버지는 하루에 10시간 일하지 않는다.
ⓓ / liwlād bilʕabu baṛṛa /   아이들이 밖에서 놀고 있다.
　→ / liwlād mā-bilʕabu-š baṛṛa / 아이들이 밖에서 놀지 않고 있다.

시제와 상[7]을 나타내는. / čān /, / bičūn /, / ṣār /, / kāʔid / 역시 / mā-š /를 이용하여 부정문을 만들고 시제와 상의 조동사가 중복될 경우 처음의 조동사만 부정한다.

---

7) 시제와 상을 나타내는 조동사의 어순은 다음과 같다.
　┌ 과거 표지어/ čān /　　　 ┐ +완료 표지어/ ṣār / +진행 표지어/ kāʔid /+미완료 동사.
　└ 비과거 표지어 / bičūn /┘

(예) ⓔ / lwalad bičūn kāʔid bilʕab /   소년이 놀고 있을 것이다.

  → / lwalad mā-bičūn-š kāʔid bilʕab /   소년이 놀고 있지 않을 것이다.

  ⓕ / lwalad čān ṣārla kāʔid bilʕab saʕtēn / 소년이 2시간 동안 놀고 있었다.

  → / lwalad mā-čān-š ṣārla kāʔid bilʕab saʕtēn /   소년이 2시간 동안 놀지 않았었다.

② 동사가 없는 경우: 술어 앞에 / miš / 를 둠으로써 부정한다.

(예) ⓐ / maḥmūd ustāz /   마흐무드는 교수다.

  → / maḥmūd miš ustāz /   마흐무드는 교수가 아니다.

  ⓑ / lbinit fī ssūk /   그 소녀는 시장에 있다.

  → / lbinit miš fī ssūk /   그 소녀는 시장에 있지 않다.

위의 ② ⓑ의 예문에서 나타나는 전치사 / fī / 는 상황에 따라 동사(˜이 있다) 또는 전치사(˜안에)의 역할을 수행할 수 있다. 따라서 동사의 역할을 수행할 때에는 동사로 간주되어 / mā-š / 로 부정하고, 전치사로 간주될 때에는 / miš / 를 사용하여 부정문을 만든다.

(예) ⓐ / lqafaṣ fī ʕaṣfūr /   새장에 새가 있다 (동사의 역할)

  → / lqafaṣ mā-fī-š ʕaṣfūr /   새장에 새가 없다

  →* / lqafaṣ miš fī ʕaṣfūr /

  ⓑ / lʕaṣfūr fī lqafaṣ /   새가 새장 안에 있다 (전치사의 역할)

  → / lʕaṣfūr miš fī lqafaṣ /   새장에 새가 없다

  →* / lʕaṣfūr mā-fī-š lqafaṣ /

부가 의문문에서는 / miš / 만 사용된다.

(예) lwalad aḥsan lyōm miš hēč? 그 아이는 오늘 좋아 보이지요?

팔레스타인 아랍어의 관계 대명사는 문어체 아랍어의 관계 대명사에 비해 단순한 형태를 갖고 있다. 문어체 아랍어에서는 선행사의 성, 수에 따라서 / ʔalladī /, / ʔallatī /, / ʔalladānī /, / ʔalladaynī /, / ʔallatānī /, / ʔallataynī /, / ʔalladīna /, / ʔallawātī / 다양한 형태로 변화하는 데 비하여 구어체 아랍어의 관계 대명사는 성, 수와 관계없이 / illi / 한 가지 형태가 사용된다.

(예) / ana šuft ilbinit illi ṣārat malika / 나는 여왕이 된 소녀를 보았다.
/ ana šuft ilbintēn illi žāruna /   나는 우리를 방문한 두 소녀를 보았다.
/ ana šuft ilbanāt illi žāruna /   나는 우리를 방문한 소녀들을 보았다.

팔레스타인 아랍어에서는 미래·의무·의도·능력·가능성·허락·금지의 표현은 '조동사＋미완료'의 형태를 사용하며, 조동사는 인칭에 따라 어형 변화한다.

미래 시제의 표현은 / bidd / ＋미완료, / rāyiḥ / ＋미완료, / raḥ / ＋미완료를 사용하며, 이중 / bidd / ＋미완료가 가장 일반적으로 사용되는 형태고, 화자가 원하지 않는 행위일 경우는 / rāyiḥ / ＋미완료 형태를 사용한다.[8]

---

8) 이집트 구어체 아랍어에서는 / ha- / 를 접두시킨다.

	/ bidd + 미완료 /	/ rāyiḥ + 미완료 /	/ raḥ + 미완료 /
1인칭단수	biddi	rāyiḥ	
2인칭남성단수	biddak	rāyiḥ	
2인칭여성단수	biddek	rāyḥa	
3인칭남성단수	bidda	rāyiḥ	
3인칭여성단수	bidha	rāyḥa	raḥ
1인칭복수	bidna	rāyiḥīn	
2인칭복수	bidkum	rāyiḥīn	
3인칭복수	bidhum	rāyiḥīn	

(예) / niḥna bidna nšūf filim /　　　우리는 영화를 볼 것이다.

　　/ huwwe bidda yištri sayyāra jdide /　그는 새 차를 살 것이다.

현재 진행의 표현은 / ʕam / (또는 / ʕamāl /) + 미완료로 나타낸다

(예) / ʕam bašrab ahwe maʕ il-ustaz /　나는 교수와 커피를 마셨다.

　　/ lēš ʕammāl tistanna l-būṣtaji? /　왜 우편배달부를 기다리게
하지?

/ ʕam / (또는 / ʕamāl /)을 미완료 동사에 접두할 때 / ʕam / (또는 / ʕamāl /) + 자음일 경우(2인칭과 3인칭)는 구어체 아랍어의 미완료 동사에 접두되는 / b / 는 탈락한다. 그러나 / ʕam / (또는 / ʕamāl /) + 모음일 경우 / b / 의 탈락은 선택적이다. 이는 아랍어 형태소 규칙상 3개의 자음(C + C + C)이 연속해서 올 수 없기 때문이다.

(예) / ʕam bašūf yusef kull yōm /　나는 매일 유숩을 만난다.

　　/ lēš ʕammāl tiḥki maʕi inglizi? / 왜 내게 영어로 말하십니까?

과거 진행의 표현은 / kān / +현재 진행의 표현을 사용한다.

(예) / lamma rann it-tilifon kunt ʕam aktib maktūb / 전화가 왔을
때, 나는 편지를 쓰고 있었다.
/ šū kunt ʕammāl tisʔal-o? /   너는 그에게 무엇을 물어보고 있
었어?

의도의 표현은 / nāwi / +미완료 형태로 표현하며, 인칭에 따라 아
래와 같이 어형 변화한다.

	/ nāwi + 미완료 /
1인칭단수	nāwi
2인칭남성단수	nāwi
2인칭여성단수	nāwye
3인칭남성단수	nāwi
3인칭여성단수	nāwye
1인칭복수	nāwyīn
2인칭복수	nāwyīn
3인칭복수	nāwyīn

(예) / anā nāwi ažūr lmadrasah / 나는 학교를 방문하고자 한다

능력의 표현은 / baqdar / +미완료 형태로 표현하며, 인칭에 따라
아래와 같이 어형 변화한다.

	/ baqdar + 접속법 /
1인칭단수	baqdar
2인칭남성단수	bteqdar
2인칭여성단수	bteqdari
3인칭남성단수	beqdar
3인칭여성단수	bteqdar
1인칭복수	mneqdar
2인칭복수	bteqdaru
3인칭복수	beqdaru

(예) / ana baqdar aḫki ʕarabi /　　나는 아랍어를 말할 수 있다
　　 / ēmta bteqdar tigi? /　　당신은 언제 올 수 있습니까?

의무의 표현은 / lāzim / + 미완료와 / majbūr / + 미완료 형태로 표현한다. / lāzim / 은 인칭에 따른 어형 변화를 하지 않으며, / majbūr / 는 남성은 / majbūr /, 여성은 / majbūra /, 여성 복수는 / majbūrāt / 로 어형 변화한다.

(예) / huwwe lāzim yištri dawa la imm-o / 그는 그의 어머니를 위해 그 약을 사야만 한다
　　 / anā majbūr arūḥ la s-sū? l-yōm /　　나는 오늘 시장에 가야만 한다

가능성의 표현은 / mumkīn / + 미완료의 형태를 이용하며 인칭에 따른 어형변화는 하지 않는다.

(예) / intu mumkin teštru kutub min šāreʕ ṣalāḥ-l-d-dīn / 당신들은 살라훗딘 거리에서 책을 살 수 있다

/ mumkin asʔal-ak suʔāl? /   질문해도 될까요?

허락과 금지는 / masmūḥ / + 미완료와 / mamnūʕ / + 미완료의 형태를 이용하며 인칭에 따른 어형 변화는 하지 않는다.

(예) / masmūḥ aḥki /   나는 말해도 된다
     / mamnūʕ aḥki /   나는 말할 수 없다.

문어체 아랍어와 대조되는 위와 같은 팔레스타인 아랍어의 통사론·형태론적인 특징은 원화자들의 비격식 상황에서 쉽게 발견된다.

3) 사회언어학적 배경

제2차 세계대전 이후에 서양 제국주의로부터 아랍의 제 국가늘이 독립하면서 아랍 사회는 큰 변화를 맞이하게 된다. 식민 상황에서 서양의 문명과 문화가 급속도로 아랍 사회에 유입되면서 문화적 충격을 경험한 아랍인들은 독립 후에 외래문화를 배척하고 전통적인 가치를 되찾아 발전시킴으로써 과거의 영광을 되찾으려는 시도를 하였지만, 서양의 제도와 문물을 수용함으로써 국가 발전의 기틀로 삼으려는 노력이 특히 지배 계층에 있는 사람들에 의해 이루어졌다. 그 과정에서 서양의 문물뿐만 아니라, 서구 사회의 사회 제도와 의식들이 함께 도입됨으로써 아랍 사회는 일대 변화를 맞이하게 되었다.

이러한 사회적 변화 중에서 주목할 점은 첫째, 사회의 소수 상류 계층으로 제한되었던 교육의 기회가 전 국민들에게 확산되어 문맹률이 낮아졌고,9) 둘째, 여성의 사회 참여가 보장되고 확대됨에 따라

여성들의 사회 활동이 두드러지게 증가하였다는 점이다. 전통적인 아랍·이슬람 사회에서 문맹인 상태로 사회에서 격리되어 집안에 안주하던 여성들이 사회의 개방과 민주화로 인해 교육의 기회를 갖게 되고 정치, 경제, 언론, 교육 등 사회의 전 분야에 걸쳐 남성들과 동등한 기회와 권리를 갖기 시작한 것은 현대 아랍의 가장 중요하고 큰 변화라 할 것이다. 셋째, 농촌의 인구들이 도시로 이주하는 이농집도(離農集都)현상이 나타났다. 넷째, 방송, 통신 매체 등이 급속도로 보급, 확산됨에 따라 국민들의 의식 수준 역시 이전에 비해 크게 높아졌다는 점이다.

이러한 변화를 루이스 버나드(Lewis Bernard, 1958)는 아랍 사회의 최근의 변화는 여러 가지 요소들의 영향을 받았지만 그 대부분의 것들이 서양의 영향이라고 주장했다. 철도, 인쇄기, 비행기, 영화, 공장, 대학, 석유에 대한 개념 등이 전통적인 경제 구조를 바꿔 놓았고, 모든 아랍인들의 삶과 휴식, 공적, 사적 생활에 영향을 끼쳤으며 전통적인 사회, 정치, 문화 형태의 조정을 요구하고 있다고 그 변화를 설명했다.

이러한 사회적 변화는 언어 현상에도 영향을 끼쳤다. 첫째, 언어 사용에 있어 지역 방언을 주로 사용하며 보수적인 경향을 보이고 있던 팔레스타인을 포함한 아랍 사회는 교육 기회가 확대됨으로써 전 국민의 교육 수준이 높아지고, 문맹자들의 수가 감소하게 되었다. 대부분이 사람들은 오직 이맘(Imam)[10]만이 고전 아랍어를 말할 수 있고 자신들은 고전 아랍어를 말할 자격이 없다고 생각하고 있었기 때문에 고전 아랍어를 사용할 엄두도 내지 못하고 구어체 방언의 사용

---

9) 요르단의 경우 초, 중, 고등학교까지 의무 교육이며 학비가 면제된다.
10) '이맘'의 원래의 의미는 이슬람의 예배 의식에서 예배를 인도하는 사람을 의미하나, 이슬람 사회의 지식인 계층을 가리키는 의미로 일반적으로 로 사용된다.

에 만족하고 있었다. 그러나 교육 기회의 확대와 함께 고전 아랍어를 배우게 되고 현대 표준 아랍어의 사용이 가능해짐에 따라 아랍 사회의 고질적인 문제점인 문맹률이 저하되고, 언어 능력의 향상을 가져오는 커다란 발전을 기하게 되었다.

공식 교육을 받은 화자들은 현대 표준 아랍어가 누리고 있는 사회적 우위를 인식하고 다른 지식인과의 대화 수단으로써 현대 표준 아랍어를 이용한다. 현대 표준 아랍어를 사용하는 화자들은 이 변종을 사용함으로써 그가 언어 공동체에서 상류층을 형성한다고 생각한다. 따라서 현대 표준 아랍어는 지식인들과의 격식 상황에서 사용되고, 구어체 아랍어는 가족이나 친구들과의 긴밀한 사회화를 위한 문체상의 수단으로써 이용된다.

둘째, 여성들의 사회적 위상의 신장과 함께 그들의 언어사용에도 큰 변화가 일어났다. 사회 활동의 제한으로 인해 대부분이 문맹인 부모로부터 지역 방언만을 익혔던 여성들이 고전 아랍어와 현대 표준 아랍어를 익히게 됨으로써 자신의 사회직 위치와 우월성을 강조하기 위해 현대 표준 아랍어를 사용했고 그 숫자도 점점 증가하고 있다. 또한 구어체를 사용하는 경우도 화자가 시골 출신임에도 불구하고 우위의 변종으로 간주되는 도시 방언으로 말씨 바꾸기를 일으키며 발화하는 여성 화자들이 점점 더 증가하고 있다.

사회의 발전과 함께 여성들의 사회적 역할이 더욱 강화되고 이러한 변화가 언어 상황에 반영되어, 여성들의 언어적 특징은 팔레스타인을 포함한 아랍 사회의 언어 변화를 일으키는 중요한 요인으로 작용하리라 생각한다.

셋째, 방송 매체에서 문어체 아랍어를 쉽게 접함으로써[11) 취학 전

---

11) 대부분의 아랍 국가에서 고전 드라마에서는 표준아랍어를 사용하고 있다. 또한 어린이용 만화 영화에서도 표준어와 지역 방언이 함께 사용되고 있다.

부터 문어체 아랍어를 배우는 계기가 제공되었다. 즉, 문맹자인 부모로부터 유아기부터 배우게 되는 구어체 아랍어 외에 일찍부터 TV 등의 대중매체를 통해 문어체 아랍어를 접함으로써 문어체 아랍어의 사용 능력을 증대시켰다.

넷째, 이농집도현상에 따라 방언 간 혼합(dialect mixture)이나 방언 차용(dialect borrowing)현상이 나타나 각 지역 변종들 간의 구분이 과거만큼 명확하게 규명되지는 않았다. 즉, 쇼랍(1981)의 지적처럼 문명화된 아랍 사회의 가장 큰 변화는 각 개별 공동체(도시, 시골, 유목민)의 광범위한 융합이다. 각기 다른 출신 배경의 사람들이 학교, 직장, 사교 모임에서 어울리게 되고 그 결과 각 화자들은 이전에는 경험해 보지 못했던 여러 가지 발화 형태를 접하게 되었다. 결국, 말씨 바꾸기 현상이 각 화자들 사이에서 광범위하게 사용되었고, 비록 화자들이 인식하지는 못하고 있다 하더라도 각 지역 변종 간의 말씨 바꾸기 현상은 자연스러운 현상으로 인식되게 되었다.

이슬람 이전 시대부터 아랍 사회는 도시 정착민과 유목민으로 구분되어 있었고, 공동체들이 서로 접촉은 해 왔었지만, 실제로 혼합되지 않고서 각자의 생활 방식과 운영 방식을 고수해 왔었다. 이에 따라 방언도 개별적인 특성을 가지고 발달해 왔다는 점을 고려해 볼 때, 상호 간의 접촉에 의해 빠른 속도로 일어나고 있는 방언 간의 말씨 바꾸기 현상은 현대 사회에서 두드러지게 나타나고 있는 아랍어 공동체의 사회언어학적 특징이라 하겠다.

팔레스타인은 1948년 이스라엘의 건국 이후 팔레스타인인들이 해외로 피난 또는 이주하고 그 빈 공간을 세계 각지에서 이주한 유태인들이 채움으로써 전통적인 아랍·이슬람 문화와 유태교·기독교 문화가 혼합되는 급속한 문화 접촉을 체험하였다.

정치적으로 유태인의 지배를 받게 됨으로써 팔레스타인 아랍어는 영어, 불어, 히브리어 등의 외래어와 접촉하였다. 그 결과 많은 팔레스타인인들은 직업과 진학 등의 이유로 인해 영어와 히브리어를 배우게 되었고, 팔레스타인인들 중에서 아랍어와 히브리어의 이중 언어화자 또는, 아랍어·영어·히브리어의 다중언어화자들이 많이 발생하였다(Bernard Spolsky, 1994). 실제로 히브리어는 이스라엘 내의 팔레스타인인들이 제2언어로서 초등학교 3학년 때부터 시작해서 12학년까지 계속 배우며 고등학교 졸업 시험(Bagrut)의 한 과목이 되기도 한다.

이러한 요인들로 인하여 팔레스타인인들 중에는 이중 언어 또는 다중언어화자들이 급속히 확대되었고, 팔레스타인인들의 발화에서는 아랍어의 문체 전환에 의한 말씨 바꾸기 외에 이중 언어 상황에서의 말씨 바꾸기가 빈번하게 나타나게 되었다. 이러한 추세는 더욱 확대되리라 생각하며 이는 팔레스타인의 언어 상황을 결정짓는 주요 변인으로 작용하리라 생각한다.

이상과 같은 변화를 통해서, 팔레스타인을 포함한 현대 아랍 사회는 현대 문명의 이기와 서양의 새로운 학문 및 문화와의 접촉으로 인해 전통적인 사회 구조와 의식들이 흔들리고 새로운 가치관을 확립하는 재조정기를 맞고 있다고 규정지을 수 있을 것이다.

사회의 변화와 그 맥을 같이하는 언어 상황의 변화 역시 구조 조정을 수행하고 있으며 그 방향은 현재로서는 쉽게 예측하기 어렵다. 정부와 언론 매체, 아랍어 언어학회 등에서 문맹률 저하와 현대 표준 아랍어의 보급을 위해 많은 노력을 기울이고 있는 것은 사실이지만, 구어체 방언의 뿌리가 아랍인들의 사고에 깊이 박혀 있고, 교육 수준의 향상에도 불구하고 아랍인들 스스로 현대 표준 아랍어의 사용에 여전히 어려움을 느끼고 있다는 현실을 감안할 때 팔레스타인 아랍어 원화자들의 발화에서 나타나는 문어체 아랍어와 구어체 아랍어 간의 말씨 바꾸기 현상은 더욱 일반화되리라 생각한다.

2. 팔레스타인의 언어 상황에 대한 인식조사

본 절에서는 1997년 5월19일~5월26일까지 라말라의 비르제이트 대학교[12])에서 필자가 직접 실시한 설문조사를 바탕으로 하여 이 지역의 언어 상황에 대한 인식을 연구하였다. 이 조사는 비르제이트 대학교에 재학 중인 아랍어과와 사회과학대 학생 193명(남학생 111명, 여학생 82명)을 대상으로 실시하였으며, 이 조사는 무학자나 중등 교육 이하의 교육 수준을 가진 이들은 문어체 아랍어에 대한 지식이 빈약하여 실질적인 조사에 적합하지 않은 것으로 판단해 대학생을 중심으로 이루어졌다.[13])

조사 지역이었던 라말라는 예루살렘 북쪽 16Km에 위치한 요르단강 서안의 상업과 경제의 중심지다. 전통적인 농경 사회였던 라말라

---

12) http: //www.birzeit.edu / birzeit.
   설문조사를 실시했던 비르제이트대학교는 1924년 라말라와 비르제이트 지역의 학생들을 교육하기 위하여 라말라와 비르제이트의 중간 지점에 설립되었다. 1924년 초등학교로 설립되어, 1953년 대학으로 발전하였으며, 1975년 Birzeit University로 정식 명명된 라말라 북쪽의 점령지에 설립된 최초의 대학이기도 하다. 현재 4개의 단과대학과 석사 과정이 설치되어 있는 이 대학은 팔레스타인 독립투쟁(Intifāḍah)의 거점이자 팔레스타인의 지성을 대변하는 대학 중의 하나로써, 이스라엘의 군사적 압력으로 인해 개교 이후 지금까지 15차례의 휴교를 거듭하였고 총장이었던 한나 나시르박사(Dr.Hanna Nasir)는 19년간의 망명 생활을 하기도 하였다. 그 결과 대부분의 학생들이 대학 4년 과정을 수료하는 데 10여 년이 소모되는 어려움을 겪기도 했지만, 라말라와 비르제이트 지역의 팔레스타인인들에 대한 최고교육기관으로서, 또 이스라엘에 대한 팔레스타인 저항의 중심지로서의 역할을 충실히 수행하고 있다.
13) 이 조사가 대학생이 아닌 중·고등학교 졸업자 및 재학생 또는 그 이하의 학력을 가진 이들을 대상으로 실시되었을 경우 구어체 아랍어에 대한 선호도가 더 높을 것으로 예상된다. 따라서 본 조사의 결과와 다소의 차이가 날 수 있다.

는 12세기 십자군에 의해 약 100년 동안 지배를 받아 기독교 문화의 영향을 일찍부터 받아들였으며, 19세기 중반 오스만 제국의 통치 시대에는 교회가 건설되기 시작하여, 이 지역에 큰 교회와 교회의 지원을 받는 학교와 병원이 세워졌다.14) 그 결과 라말라는 팔레스타인의 다른 지역보다 문맹률이 낮아졌다.

　서구 문명과의 이러한 접촉은 일찍부터 라말라 주민들의 대규모 해외 이주로 이어졌고,15) 그 공간을 외부 사람들이 채우는 인구 구성을 이루게 되었다.16) 또한 1948년 제1차 중동전쟁으로 인하여 야파(Jaffa), 리야다(Lyada), 라믈레(Ramleh)의 피난민들이 라말라로 이주하여 인구가 증가하였으나, 원주민의 약 30%는 해외(특히, 미국)로 이주하였다. 라말라의 이러한 인구 구성은 각 지역 방언 간의 접촉으로 인한 방언 간의 말씨 바꾸기 현상을 관찰할 수 있는 적절한 환경을 마련해 주었다.

　즉, 대부분의 팔레스타인 도시와 마을들이 친척들끼리 모여 사는 친족 공동체의 특징을 가지고 있었던 것에 비하여, 라말라는 전술한 여러 가지 동기(점령, 이주, 피난 등)로 인하여 팔레스타인 각 지역의 사람들이 함께 모여 사는 특이한 성격을 지니게 되었다. 이러한 특징은 각 지역 방언 간의 상호 간 접촉으로 인한 언어 변화 연구에 좋은 자료를 제공해 주리라 생각한다.

　또한 이 조사가 사회의 최고 지식층을 구성하고 미래의 언어 변화를 주도해 나갈 대학생들을 대상으로 이루어졌기 때문에 아랍어의

---

14) 지금도 라말라의 상류층 자제들은 영국계와 미국계 초·중등학교에서 교육을 받고 있다.

15) 현재 미국에서 라말라 출신의 아랍인들이 미국에 이주한 아랍인들 중 최고 다수를 차지하고 있다.

16) 1920, 30년대 라말라의 건축 붐을 타고 헤브론 지역의 많은 근로자들이 라말라로 이주해 정착한 결과 오늘날 라말라 구시가의 많은 거주민들은 헤브론 출신들로 구성되어 있다.

변종과 언어 상황에 대한 조사 대상자들의 인식은 팔레스타인 아랍어의 변화를 예측할 수 있는 단서가 되리라 생각한다.

질문 1) 팔레스타인에서 문어체 아랍어와 구어체 아랍어의 차이는 수십 년 후에 더 확대될 것이다.

	남	여
확대된다	31.5%	28.1%
확대되지 않는다	39.7%	24.4%
무 응 답	28.8%	47.5%

질문 2). (1)의 질문에 대한 이유를 쓰시오.

	남	여
확대된다	1.구어체 사용의 증가-23명 2.외래어 사용의 증가-4명 3.문어체 사용의 증가-2명	1. 구어체 사용의 증가-14명 2. 외래어 사용의 증가-8명
확대되지 않는다	1.교육 수준의 상승과 문어체 아랍어의 보존-15명 2.구어체 아랍어 사용의 증가-5명 3.현 상태의 유지-10명	1. 교육 수준의 상승과 문어체 아랍어의 보존-9명 2. 언어적 유사함-4명 3. 현 상태의 유지-2명
무응답	39명	43명

질문 1)과 2)에서는 양층언어현상과 관련하여 미래의 아랍어의 상황에 대한 응답자들의 인식을 조사하였는데 남녀 모두 조심스러운 반응을 나타내었다. 특히 여성들의 경우 거의 절반에 가까운 응답자들(47.5%)이 대답을 보류함으로써, 그 미래를 예측하기가 어렵다는 점을 입증해 주었다.

남성들의 경우 양층언어 상황과 관련한 현재의 상황은 미래에는 어느 정도 개선되리라는 주장이 약간 앞섰고(확대되지 않는다, 39.7%), 여성의 경우는 그 반대였는데(확대된다, 28.1%) 이는 현재 성별에 따른 화자들의 언어 습관 및 그 인식과 관련이 있는 것 같다. 이는 질문 1)의 답변에 대해 그 근거를 물어본 질문 2)에서 구체적으로 나타났다.

남녀 모두 표준어와 방언 간의 차이가 현재보다 확대되리라는 생각의 근거는 구어체 방언의 사용 증가로 인해 그 차이가 더욱 확대되리라는 것이 많았고, 축소되리라는 생각은 교육 수준의 상승 등으로 인해 문어체 표준어가 널리 보급됨으로써 문어체 아랍어의 화자가 증가하여 그 차이는 현재보다 좁혀질 것이라는 것을 근거로 제시한 이들이 많았다.

또한 축소를 주장한 남성 응답자들의 상당수는 그 근거로써 아랍인 또는 아랍 사회와 이슬람교와의 관계 및 전통을 고려한 문어체 아랍어의 보존을 주장했지만, 같은 응답을 한 여성 화자들은 축소의 이유로써 이슬람 및 전통과의 관계를 언급한 화자는 없었다. 이는 아랍어의 미래의 상황과 관련하여 남성들이 여성들에 비해 보다 보수적인 사고를 가지고 있다는 것을 반영한다.

이런 경향은 파솔드(R.W. Fasold, 1990)가 탄자니아에서 행한 연구 결과에서 나타난 것처럼, 언어를 포함한 사회의 가치 체계의 변화에 있어 남성들이 여성들에 비해 보수적이라는 일반적인 인식과 그 맥을 같이하고 있다고 생각한다.

또한 남녀 모두 양층언어현상이 심화되리라는 의견의 근거로써 외래어 사용의 확대를 주장하였는데, 이는 서양 세계와의 접촉과 교육의 영향으로 인해 외래어 사용이 점차 증가하고, 특히 아랍어 외에 영어, 불어, 히브리어 등의 양언어사용자가 점차 늘어나고 있다는 점을 반영한 것 같다. 특히, 아랍인들이 영어를 포함한 외국어에 상당한 관심을 가지고 있고, 외국어의 사용 능력이 본인들의 사회적 지위 및 우위성과 관련이 있다는 생각을 일반적으로 가지고 있다는 점에 비추어 볼 때, 외국어 사용자의 증가는 팔레스타인의 미래의 언어 상황을 예측하는 데 있어서 주요 변수로 작용하고 있다.

질문 3) 문어체 아랍어와 구어체 아랍어 중 한 가지 변종을 선택한다면 어느 형태를 선택하겠는가?

	남	여
문어체 아랍어	53.2%	45.1%
구어체 아랍어	46.8%	54.9%

질문 3)에서 남녀 모두 문어체 아랍어와 구어체 아랍어에 대한 지지도가 비슷한 분포를 나타내었으나 남자의 경우에 문어체 아랍어, 여자의 경우는 구어체 아랍어 선호도가 높았다.

위의 결과는 표준어와 방언의 성별 선호도와 관련된 서구에서의 연구 결과와 대조된다. 즉, 피셔(J.L.Fisher, 1958), 트루길(p.Trudgil, 1974), 산코프(G.A.Sankoff, 1974) 등의 연구에서 나타난 것처럼, 일반적으로 서구에서는 표준어와 방언의 선택과 관련하여, 여자들이 남자에 비하여 표준어를 더 선호한다는 것이 일반적인 인식(Jenny Cheshire & Penelope Gardner-Chloros, 1998)이지만, 본 조사에서는 이와 대조되는 결과를 보였다. 즉, 여성들에 비해 남성들의 문어체 아랍어 선호도가 더 높게 나타났다.

그 이유는 첫째, 교육의 기회와 사회 활동이 남성들에게 보다 많이 주어지고 여성들에게는 교육의 기회와 사회 참여의 기회가 상대적으로 낮다는 팔레스타인 사회의 특성을 반영하고 있다. 즉, 공식적인 교육을 통해서만 배우는 문어체 표준아랍어가 남성들보다 여성들에게 더욱 부담스럽고 어려운 변종으로 인식된다는 것이다.

둘째, 언어사용의 유형에 있어서 사회적 형태와 관련된 기준 중의 하나는 조사가 이루어진 지역이 산업화 이전 단계냐, 이후 단계냐 하는 것이 중요한 기준이 된다. 즉, 산업화 단계를 거치면서 여성들의 교육 기회와 사회 참여도가 보다 활발해지고, 이로 인해 여성들의 언어에 대한 관념도 보다 근대적으로 변화한다는 것이다.

팔레스타인의 경우 서구 문명과의 접촉으로 인해 산업화가 진행되고 있지만, 국민 의식의 측면에서는 이슬람적인 사고가 여전히 깊게 배여 있고, 남녀 간의 성 차별과 교육 기회의 편중, 여성들의 사회 진출의 제한 등 사회 전반에 걸친 전 근대적인 요소들이 여전히 팽배해 있는 이중적인 구조로 남아 있다. 이런 사회적 현상이 언어사용에도 영향을 끼쳐 남녀 화자 모두(특히 여성) 구어체 방언에 대한 선호도가 산업화 단계를 거친 서구의 언어 공동체에 비해 높이 나타난다고 생각한다.

셋째, 바키르(M.Bakir, 1986)의 주장처럼, 여성들의 생활공간은 주로 집안이고, 외부 활동은 주로 남성들의 몫이라는 아랍 사회의 여성에 대한 차별과 사회적 폐쇄성 때문에 여성들의 문어체 아랍어 사용이 남성보다 저조하다는 점과 관련이 있다. 이러한 사회적 경향은 여성들 자신이 문어체 아랍어는 남성들의 전유물로 간주하게 하는 결과를 낳았다.

이런 경향은 이브라힘(M.H.Ibrahim, 1986)이 실시한 표준어에 대한 성별 인식도에서도 아래와 같이 잘 나타나고 있다.

	남성 응답자	여성 응답자
남성의 전유물	50%	70%
남성 / 여성 공통	25%	10%
여성의 전유물	25%	20%

그러나 질문 3)의 결과에서 나타나듯이 남성들 중에서도 구어체

방언을 선호한 사람이 46.8%, 여성들 중 문어체 아랍어를 선호한 사람은 45.1%에 이르고 있어 그 반대 변종을 선택한 사람들과 큰 차이가 나지는 않았다.

이러한 비율은 사회의 발전과 교육 수준의 상승과 함께 점차 줄어들 것이라는 예측도 가능하지만, 아랍어 언어 공동체에서 표준어의 개념이 서기 7세기에 편찬된 꾸란의 어휘, 문체, 표현 등이 표준어로 규정되어 있다는 점은 문어체 아랍어의 사용 확대에 큰 장애가 되리라 생각한다. 즉, 1300년 전의 고전 아랍어를 표준어로 설정한 결과 현재는 진정한 의미의 표준아랍어 사용자가 존재하지 않는다는 결과를 초래했다. 따라서 아랍어 원화자들이 표준어와 화자 자신들의 변종 간의 시간적인 차이를 극복하기 어렵다는 점이 큰 문제점이 되리라 생각한다. 이러한 측면에서 팔레스타인 사회가 근대화된 이후에 문어체 아랍어 사용자가 증가할 것이라는 예측은 어려움에 직면하게 된다.

또한 1998년에 팔레스타인에서 실시한 팔레스타인 초등학생들의 아랍어 숙련도에 대한 조사에서[17] 전체 대상 학생들의 50%가 아랍어를 제대로 이해하고 있지 못한 것으로 드러났고, 아랍어를 이해하고 있다고 판정된 나머지 50% 중에서도 쓰기 부문에서는 30%가 과락인 것으로 나타나 아랍어 교육 방법의 개선과 함께 새로운 프로그램의 개발이 요구된다는 주장이 제기되었다.

따라서 문어체 아랍어의 보급을 위해서는 문어체 아랍어에 대한 개념의 재설정과 함께 암기 위주의 전통적인 아랍어 교육 방법을 탈피한 새로운 체계적인 교육과 프로그램의 개발이 절실히 요청된다 하겠다.

---

17) http: //www.sofnet.co.il/kul-alarab/k260698/k2.htm
    Kul al-Arab, 1998. 6. 26. 참조

질문 4) 문어체 아랍어와 구어체 아랍어는 사회적 지위와 관련이
있는가?

	남	여
있 다	74.8%	63.4%
없 다	25.2%	36.6%

질문 4)는 사회적 지위에 따른 변종의 선택에 대한 질문으로써,
남녀 모두가 사회적 지위와 변종 간에는 관계가 있다(남(74.8%), 여
(63.4%))는 응답이 많았다. 이는 사회적 지위가 높으면 높을수록 문
어체 아랍어의 사용 빈도가 높음을 의미하고, 여성들에 비해 남성들
이 민감한 반응을 보였다. 이는 양층언어사회에서 원화자들은 상층
어가 보다 우수하며, 보다 우아하고, 보다 논리적인 언어라는 생각을
갖는 것이 일반적인 현상이라는 파솔드(1992)의 주장과 연관이 있다.
즉, 사회적 지위가 높으면 높을수록 문어체 아랍어를 선호한다는 것
이다. 이러한 경향은 퍼거슨(1959)이 교육을 받은 많은 아랍인과 하
이티인들은 일상의 대화에서 그들이 하층어를 항상 사용하고 있음이
명백함에도 불구하고, 하층어를 사용하는 것을 부정한다고 밝힌것과
같다. 이런 주장은 고의적인 거짓말이 아니라, 자기기만의 일종이라
고 규명하며 아랍인들의 언어사용에 있어서의 심리적인 면과 상층어
(문어체 아랍어)에 대한 사회적 인식을 지적한 데서도 나타난다.
본 조사의 결과는 바키르(1986)가 이라크의 남녀 대학생들을 대상
으로 한 동일한 질문의 조사에서 남녀 모두 약 50%가 문어체 아랍
어의 사용이 보다 높은 사회적 지위와 관련이 있다고 응답한 것과
비교해 볼 때 다소 높은 비율로 나타났다.
그러나 이러한 관계가 없다는 주장 역시 남(25.2%), 여(36.6%)에
게서 비교적 높게 나타났는데 이는 구어체 사용과 관련된 언어 습관

의 영향인 듯하다. 즉, 사회적 지위가 높은 사람이라 하더라도 비격식적인 상황에서는 구어체 아랍어를 사용하는 것이 일반적이라는 아랍인 원화자들의 언어사용의 형태를 반영하고 있다 하겠다.

질문 5) 부모의 교육 수준과 아이들의 언어는 관계가 있는가?

	남	여
있 다	92.8%	95.1%
없 다	7.2%	4.9%

질문 5)는 아이들의 언어는 그 부모들이 사용하는 변종과 직접적인 연관이 있다는 주장과 관련하여 제시된 것이다. 부모들의 교육 수준이 높을수록 문어체 아랍어를 선호하고 가정에서도 문맹인 부모들에 비해 교육을 받은 부모들의 문어체 아랍어의 사용 빈도가 높음에 따라 아이들 역시 어릴 때부터 부모로부터 자연스럽게 문어체 아랍어를 접하게 되어 문맹인 부모를 둔 아이들보다 문어체 아랍어에 어릴 때부터 익숙해진다는 점을 의미한다. 이 질문은 남녀 응답자 모두가 긍정적인 반응을 나타내었다.

일반적으로 아이들의 언어 습득과 학습 능력은 출생에서 6세 사이에 최상에 이르며(조명원, 1998), 학습자 주변의 언어 환경에 직접적이고 결정적인 영향을 받는다. 즉, 부모(주로 어머니)와 주변 친구들의 언어 습관 및 사용 형태를 모방하며 언어를 배우기 시작한다는 점이다. 따라서 교육을 통해 문맹률을 줄이고(특히 여성) 취학 전부터 아이들이 문어체 아랍어를 자연스럽게 접할 환경을 제공함으로써, 취학 후에 학생들이 공식 교육을 통하여 배우게 되는 문어체 아랍어에 대한 거부감을 줄일 수 있다고 생각한다.

본 조사에서 사회적 지위 및 청소년들의 교육과 관련하여 문어체 아랍어에 대한 인지도가 비교적 높게 나타났다. 이는 원화자들의 사회적 지위의 상승과 함께 문어체 아랍어의 사용도 증가할 것이라는 점과, 청소년들의 교육에 문어체 아랍어가 더욱 보편적으로 사용될 수 있다는 점을 의미한다.

또한 조사 대상자들이 선택한 변종으로써 남녀 모두 50% 정도가 문어체 아랍어를 지명한 것은 아랍어 공동체의 커다란 변화라고 생각한다. 또한 이러한 변화는 교육 수준의 상승과 대중매체에서의 문어체 아랍어의 사용 증가와 밀접한 관계가 있다고 생각한다.

사회의 발달과 함께 팔레스타인의 문맹률이 더욱 낮아지고, 대중매체를 통한 문어체 아랍어의 보급이 더욱 활발해진다면 문어체 아랍어의 보급률 역시 더욱 높아지리라 생각한다. 이러한 변화는 팔레스타인의 언어 상황과 원화자들의 발화 형태를 변화시키는 주요 요인으로 작용하리라 생각한다.

IV

현대 표준 아랍어와 팔레스타인 아랍어 변종 간의 말씨 바꾸기 현상

아랍 사회 구조를 전통적인 베드윈 사회, 상업과 교통의 중심지인 도시, 도시 주변을 에워싸고 있는 시골로 구분해 볼 때, 사회의 삼분 구조와 함께 각 지역 변종도 개별적인 언어 특징을 간직한 채 구분되어 있음을 알 수 있다. 이들 변종들은 서로 접촉은 해 왔지만 각각의 사회가 서로 혼합되지 않았던 것처럼, 각 변종들도 개별적인 특징을 간직하고서 발달해 왔다.

그러나 서양 문명과의 접촉으로 인해 교통, 통신, 인쇄술 등이 아랍 사회에 보급됨에 따라 아랍 사회는 빠른 속도로 문명화되고, 각 개별 공동체는 이전에는 경험해 보지 못한 생활 전반에 걸친 광범위한 변화와 상호 접촉을 경험하게 되었다. 이러한 변화는 각 지역 방언 간의 접촉을 가져왔으며 방언 간의 통합은 문화적·정치적으로 우위에 있는 방언을 중심으로 이루어진다는 일반적인 경향이 팔레스타인의 방언 간 접촉에서도 나타났다.

따라서 아랍어의 말씨 바꾸기 현상을 제대로 이해하기 위해서는 문어체 아랍어와 구어체 아랍어 간의 말씨 바꾸기뿐만 아니라, 구어체 아랍어의 각 지역 변종들 간의 말씨 바꾸기인 방언 바꾸기의 형태도 이해해야만 한다.

이를 위해 본 장에서는 문어체 아랍어를 대표하는 현대 표준 아랍어와 팔레스타인 아랍어의 각 지역 변종인 도시 방언·시골 방언·베드윈 방언의 음운적 특징 및 사회언어학적 배경과 각 변종 간의 말씨 바꾸기의 형태를 논하고자 한다.

본 장에서 각 변종들 간의 변별적 특징을 구분하기 위해 음운을 분석하는 이유는 일반적으로 방언 간의 차이를 가장 분명하게 보여 주는 것은 음운이기 때문이다. 이는 음운의 차이가 통사론·형태론의 차이에 비해서 구별이 용이하여 쉽게 확인할 수 있기 때문이다. 실제로 각 지역 방언 간의 통사론·형태론의 차이는 거의 없는 것으로 조사되었다.

1. 현대 표준 아랍어

아랍인들에게 대표적인 문어체 아랍어로 인식되는 고전 아랍어는 A.D. 7세기 꾸란의 기록에 사용된 언어로써, 이 변종은 많은 아랍인들에게 아랍의 전통적인 유산을 가장 잘 보존하고 있는 언어로 간주된다. 이 변종은 우마위야 왕조와 압바시야 왕조 시대의 고대 아랍어 학자들에 의해 음성학·통사론·형태론 등에 있어 두드러진 발전을 이룩하였으나 너무 난해하여 현대 아랍인들이 익히기에는 많은 어려움이 따른다.

또한 A.D. 7세기에 기록된 언어이기 때문에 현대의 언어적 감각과 많은 차이가 있고, 어휘에 있어서는 과학, 실존 철학, 핵물리학, 인터넷 등과 같은 현대 학문 분야의 용어를 결정하기 어렵다는 단점을 지니고 있다.

고전 아랍어의 이러한 문제짐을 해결하기 위하여 제시된 변송이 현대 표준 아랍어다. 현대 표준 아랍어의 '현대'란 용어는 현대의 아랍어를 고전 아랍어와 분리하려는 개념의 용어이며 '표준'이란 의미는 비교적 통일된 언어 형태로서 문어체 아랍어뿐만 아니라 구어체 아랍어에서도 사용되며 전 아랍 세계에 걸쳐서 받아들여지는 언어 형태란 의미다. 따라서 현대 표준 아랍어란 현대의 문어체 아랍어와 구어체 아랍어를 포함하여 전 아랍 세계에서 비교적 통일된 형태로 사용되고 있는 상위 변종으로 해석할 수 있다.

이 변종은 근본적으로 고전 아랍어에 기초하면서, 고전 아랍어의 문법을 단순화시켰기 때문에 많은 아랍인들은 현대 표준 아랍어와 고전 아랍어를 동일한 변종으로 간주하고 있지만 실제로는 많은 차이가 있다.[1)]

현대 표준 아랍어와 고전 아랍어의 차이는 음운론·통사론·형태론에 걸쳐서 모두 나타난다. 현대 표준 아랍어는 어휘에 있어서는 보다 일반적인 어휘를 주로 사용하며 외래어의 수용에 있어서는 보다 적극적이라는 특징을 지니고 있다.

1) 음운론의 층위

음운에 있어서 현대 표준 아랍어의 자음은 고전 아랍어의 28개의 자음에 외래어의 자음인 /p/, /v/, /č/가 더해진 31개이고, 고전 아랍어는 /ay/, /aw/를 모두 이중모음으로 발음하지만 현대 표준 아랍어는 구어체 아랍어처럼 /ay/ > /ē/, /aw/ > /ō/로 발음한다.[2]

2) 형태론의 층위

형태론적인 측면에 있어서는 수사의 사용에 있어서 현대 표준 아랍어는 고전 아랍어에 비해 단순화된 형태를 가지고 있다. 고전 아랍어의 수사에서 3~10까지의 수사는 명사가 연결될 때 명사와 서로 반대의 성을 가지지만, 현대 표준 아랍어의 수사는 명사의 성과 무

---

1) 현대 표준 아랍어의 언어적 특징에 대해서는 아래 문헌 참조.
　① 이두선, 이규철, 종합아랍어, (서울: 송산출판사, 1993), ② 이종택, 송경숙, 표준아랍어문법, (서울: 송산출판사, 1985), ③ 사희만, 정규영, 초급아랍어문법강독, (광주: 서석출판사, 1998), ④ Clive Holes, *Modern Arabic, Structures, Functions and Varieties*, (London and New York: Longman, 1995) ⑤ W.Wright, *A Grammar of the Arabic Language*, (London: Cambridge University Press, 1971) 등 참조.
2) 본 고의 3.1.1. 참조.

관하게 항상 남성 형태를 갖는다.

(예) 고전 아랍어   / xamsata rijāl /   다섯 명의 남자
                        / xamsa banāt /   다섯 명의 여자
     현대 표준 아랍어   / xamsa rijāl /   다섯 명의 남자
                        / xamsa banāt /   다섯 명의 여자

또한 11~19 사이의 수사는 고전 아랍어는 십 단위는 명사의 성과 일치하고 단 단위는 명사의 반대 성과 일치하며 명사는 항상 비한정 단수 목적격을 갖는다는 특징이 있다. 그러나 현대 표준 아랍어에서는 수사의 성은 명사의 성에 일치시키는 간단한 형태를 지니고 있다.

(예) 고전 아랍어   / ʔasqatat ʔamrīka sitta ʕašrata ṭāʔiratan /
                       미국이 16대의 비행기를 추락시켰다.
     현대 표준 아랍어 / ʔamērka nazzalat sittāšr ṭayyāra /
                       미국이 16대의 비행기를 추락시켰다.

퍼거슨(1959)이 인도-유럽어와 셈어에서 쌍수의 소실은 일반적인 현상이라고 한 지적처럼 팔레스타인 아랍어에서 쌍수의 흔적은 찾아보기 힘들며, 쌍수는 복수로 대체되었다. 그러나 고전 아랍어와 현대 표준 아랍어에서 쌍수는 여전히 남아 있다.

부정 명령형에 있어서는 고전 아랍어가 / la / (또는 / lam /)+미완료 형태로 부정 명령문을 만들지만 현대 표준 아랍어는 고전 아랍어의 부정사와 구어체 아랍어의 부정사인 / š / 두 가지 형태 모두를 사용한다.

(예) 고전 아랍어 / lā tadʕu ilyawma ṭubūran wāḥidan wa dʕu

ṯubūran kaṯīran / 오늘은 하나만 부수지 말고 많이 부숴라.

현대 표준 아랍어　　　/ tuṯlubūš ilyōm xarāb waḥad walākin xarāb kaṯīr / 오늘은 하나만 부수지 말고 많이 부숴라.

또한 현대 표준 아랍어는 주로 유럽 언어의 영향을 받아 새로운 문법 장치를 많이 가지고 있다. 예를 들어, 고전 아랍어에서는 수동태의 표현에 'CuCiCa'형태를 사용하지만 현대 표준 아랍어에서는 / tamma / 로 대체하였다.

(예) 고전 아랍어　　　/ wuqiʕa al-ʔittifāqiyya / 협상이 체결되었다.
　　　현대 표준 아랍어 / tamma tawqīʕ al-ʔittifāqiyya / 협상이 체결되었다.

또한 현대 표준 아랍어에서는 실제 의미를 가진 동사 대신 대역(代役) 동사 / qāma bi- / 를 빈번하게 사용하며, 고전 아랍어에서 주로 사용되던 등위 접속사 / faʔ / 대신에 현대 표준 아랍어에서는 / wāw / 를 사용한다는 등의 특징을 들 수 있다.

(예) 고전 아랍어　　　/ zāra /　　　　방문하다
　　　현대 표준 아랍어 / qāma bi ziyāra / 방문하다 이러한 고전 아랍어, 현대 표준 아랍어와 팔레스타인 아랍어 간의 형태론적인 특징을 정리해 보면 다음과 같이 나타낼 수 있다.

〈고전 아랍어, 현대 표준 아랍어, 팔레스타인 아랍어의 형태론적 비교〉

구 분	고전 아랍어	현대 표준 아랍어	팔레스타인 아랍어
어말모음사용	○	×	×
수사의 단 단위와 십 단위의 일치	○	×	×
쌍 수	○	○	×
부정 명령어	/ lā /	/ lā /, / š /	/ š /

3) 통사론의 층위

통사론에 있어서는 고전 아랍어에서는 어말모음변화가 중요한 특징으로 간주되어 분명히 나타나지만 현대 표준 아랍어에서는 거의 나타나지 않았다. 이는 어말모음을 사용하지 않는다고 해서 문장의 의미가 애매해진다거나 잘못 해석되는 경우는 없으며, 어말모음이 없다 하더라도 어순과 같은 언어적 장치에 의해 문장의 의미를 이해할 수 있다고 믿기 때문이다.

(예) 고전 아랍어   / raʔytu kalban fil ḥaqli. / 나는 들판에서 개를 보았다.
　　　 현대 표준 아랍어 / raʔyt kalb fil ḥaql. / 나는 들판에서 개를 보았다.

위의 두 예문에서 고전 아랍어는 / kalb / 에 비한정 목적격 표시인 / an / 을 접미시킴으로써 / kalb / 의 문법적 성질을 분명히 나타내고 있고, / ḥaqli / 에서도 / ḥaqli / 가 전치사 / fi / 의 지배를 받고 있다는 것을 나타내고 있다. 그러나 현대 표준 아랍어에서는 이러한 어말모음변화를 생략하여 고전 아랍어와의 차이점을 보여주고 있다.

어순에 있어서는 고전 아랍어가 동사문을 주로 사용하는 반면에 현대 표준 아랍어는 현재 아랍세계의 소설가, 극작가, 언론인들이 주로 사용하고 있는 문체인 명사문을 주로 사용한다.

이처럼 현대 표준 아랍어는 고전 아랍어와 구어체 아랍어를 혼합한 중간 형태의 성격을 지니고 있지만 고전 아랍어보다는 구어체 아랍어와 보다 유사한 언어적 특징을 보여주고 있다. 특히, 음운론, 통사론과 형태론에 있어서는 구어체 아랍어와 보다 유사하며 어휘 사용에 있어서는 고전 아랍어의 특징을 보다 많이 지니고 있다 하겠다.

현대 표준 아랍어는 많은 아랍인들에게 아랍의 유산을 가장 잘 보존하고 있는 언어로써 간주되며, 현대문학, 언론, TV·라디오, 뉴스, 과학, 기술서적, 행정, 외교 등의 언어로서 사용된다. 또한 아랍 세계의 언어적 통일을 확고하게 하며, 다양한 지역 방언이 퍼져 있는 광대한 지역의 대화 매개체를 제공하는 역할을 수행하고 있으며, 정치적으로는 이슬람교와 함께 아랍민족주의의 양대 기둥으로 인식되고 있다.

그러나 이 변종은 사용 지역을 구체적으로 지정할 수 없고, 대부분의 아랍인들이 태어난 후 부모로부터 자연스럽게 습득하는 변종이 아니라, 공식 교육을 통해 2차적으로 습득하게 된다는 점에서 어려움이 따른다. 아랍 사회의 문맹률이 여전히 높은 상태이고, 학교 교육을 통해서 현대 표준 아랍어를 열심히 익히지 않을 경우 아랍인들에게조차도 어렵게 느껴진다는 점이 현대 표준 아랍어의 보급을 가로막는 가장 큰 장애 요인 중의 하나라 생각한다.

그러나 현대 표준 아랍어는 사회적으로 우위의 변종으로 인식되기 때문에 다양한 방언 배경을 가진 교육받은 화자들이 격식 상황에서 자신의 지역 변종을 대체할 수 있는 변종으로 간주한다.

2. 도시 방언

요르단의 언어 상황을 연구한 후세인(R.F.I.Hussein, 1980)은 도시 방언이란 예루살렘, 나블루스, 라말라, 헤브론 등과 같은 요르단 강 서안(west bank) 지역(현재의 팔레스타인 지역)의 도시에서 사용되는 방언을 지칭하며, 이 방언은 특정 도시의 방언이 아니라 도시 지역 방언의 총칭으로서 도시마다 어느 정도의 차이점이 있다고 밝혔다. 1948년 제1차 중동전쟁 이후 서안 지역의 많은 팔레스타인 난민들이 동안(east bank) 지역(현재의 요르단)으로 이주하여 정착함에 따라 서안 지역 도시 방언의 언어적 특징들이 동안으로도 많이 유입되어 동안 지역의 언어 상황을 변화시키는 계기를 제공하기도 했다. 특히, 팔레스타인 도시 방언은 시리아, 레바논, 이집트 도시 방언과 많은 공통점을 지니고 있기 때문에 초지역적인 변종으로 간주되기도 한다. 도시 변종을 특징짓는 음운의 특징은 아래와 같다.

(예) / q / > / ʔ /　　　　(예, / qalb / > / ʔalb /)

/ j / > / ž /　　　　(예, / jār / > / žār /)

/ ṯ / > / s, t /　　　　(예. / maṯalān / > / masalān /, / ṯult / > / tult /)

/ ḏ / > / z /　　　　(예. / ḏawq / > / zōʔ /) 등

교육을 받은 도시 화자에게서는 아래와 같은 발화 형태를 들을 수 있다.

① / ṣāf irražul ilmarʔa /　　　　그 남자는 그 여자를 보았다.

② / ḏahabat xadīžih wa žōzhā ilā isūʔ /　카디자와 그녀의 남편은

시장에 갔다.

위의 예 ①과 ②를 통해서 화자가 도시 출신의 교육받은 화자임을 알 수 있다. 문어체 아랍어의 일반적인 어순인 동사문의 어순을 갖추고 있을 뿐만 아니라 문어체 아랍어의 어휘인 /ražul/과 /marʔa/를 사용하고 있다는 점에서 화자가 교육을 받은 지식인 계층임을 알 수 있으며 음운론에서 도시 방언의 특징적인 변이음인 /j/ > /ž/이 /irražul/에서 실현되는 것을 통해서 그가 도시 출신임을 알 수 있다. ②에서도 화자는 동사문의 어순과 문어체 아랍어에서 사용되는 접속사 /wa/의 사용 등 문어체 아랍어의 특징을 보여주고 있으며 동시에 도시 방언의 특징적인 변이음인 /q/ > /ʔ/, /j/ > /ž/을 실현하고 있고 /aw/ > /ō/로 실현되는 이중모음의 장모음화 등을 통해 그가 도시 출신임을 보여주었다.

다른 2개의 방언과 비교해 볼 때 도시 방언은 보다 많은 품위를 지니고 있는 것으로 간주된다. 이는 본래부터 도시 방언의 형태론·통사론·음운론적 특징이 시골이나 베드윈 방언의 그것에 비해 발달되어 있다거나, 어휘가 풍부하다는 등의 언어 내적인 원인보다는, 사회적으로 보다 정제되고 세련된 언어 형태로 간주되기 때문이다. 이런 경향은 언어의 순수성과 정확성과 관련된 가치 판단은 언어적인 것이라기보다는 사회적인 것이라는 트루길(1974)의 생각과 대체로 일치하는 현상이다.

도시 방언의 우위성은 시골과 베드윈 화자들에게도 일반적으로 수용되고 있다. 특히 시골 출신의 젊은 여성 화자들은 도시 방언의 특징을 최대한 수용하여, 도시 방언으로의 말씨 바꾸기를 빈번히 일으킨다는 점과, 팔레스타인 시골 남성 화자 역시 시골 변종을 훼손된 언어 형태로 간주하여 도시 변종을 선호하는 경향이 있다. 또한, 도시 여성과의 대화에서 스스로를 추켜 세우려는 경우에 도시 변종의 언어적 특징을 즐겨 사용한다는 점에서도 도시 방언의 우위성은 증명된다.

아랍 베드윈들의 언어적인 순수함을 인정하는 도시의 화자들은 때로는 베드윈 아랍어가 가장 순수하며 우수한 아랍어라고 인정하지만 이는 가식적인 것으로서, 실제로는 자신들의 방언인 도시 방언이 더 우위의 변종이란 인식을 갖고 있다는 퍼거슨(1968)의 조사 결과에서도 아랍인들의 도시 방언에 대한 우월감을 확인할 수 있다.

도시 변종의 위신은 현대 아랍 사회에서 기술 분야뿐만 아니라, 사회, 예술, 교육, 문화 분야에서 주도적인 역할을 수행하고 있는 도시의 성격과도 관련이 있다. 또한 대학을 비롯한 고등교육기관 뿐만 아니라 상업, 오락, 행정, 운송, 통신, 의료 시설 등이 도시에 집중되어 있어 도시가 다른 지역에 비해 고급의 문화를 누리고 있다는 점과도 관련이 있다. 사와이(M.Sawaie, 1986)의 조사에서 응답자의 60.5%가 도시인들을 사회의 상류 사회 계층으로 응답한 것이나, 벤라바(M. Benrahah, 1994)가 도시를 보다 중요하고 지적이며 풍요롭고 살기 좋은 곳으로 규정한 것은 이러한 도시의 성격과 관련이 있다 하겠다.

3. 시골 방언

시골 방언은 서안 지역의 예루살렘이나 나블루스 같은 대도시 주변의 시골 마을의 화자들이 일반적으로 사용하는 형태로 정의되며 역시 지역별로 어느 정도의 차이를 보이고 있다. 시골 방언의 음운 특징은 아래와 같다.

> (예) / q / > / k /　　　　(예, / qalīl / > / kalīl /)
> 　　 / k / > / č /　　　　(예, / kaifa / > / čēfa /)
> 　　 / ḍ / > / ẓ /　　　　(예, / ḍarab / > / ẓarab /) 등

교육을 받은 시골 화자에게서는 아래와 같은 발화 형태를 들을 수 있다.

> ① / mal wakit? /　　　　　　　몇 시입니까?
> ② / hal raʔayt čul il-awlad? /　당신은 모든 아이들을 보았습니까?

위의 ①, ②에서는 화자의 교육 수준을 알 수 있는 문어체 아랍어와 화자의 출신 지역을 예측할 수 있는 시골 변종이 함께 나타난다. 즉, 의문사 / mā / 와 문장의 어순은 표준아랍어의 어순을 보여주었지만, 음운에 있어서는 팔레스타인 원화자들에게 팔레스타인 구어체 방언의 가장 특징적인 변이음으로 간주되는 / q / > / k / 의 실현이 / wakit / 에서 나타났다.

②에서도 문어체 아랍어의 의문사 / hal / 을 사용하고 어순도 문어체 아랍어를 따랐지만, 음운에서 시골 방언의 특징인 / k / > / č / 가 실현되었다. 위의 변이음 중 / k / > / č / 의 실현은 시골 방언의 가장 두드러진 특징으로 간주된다.

대부분의 팔레스타인 화자들은 화자의 발화에 현대 표준 아랍어의 통사적, 어휘적 특징이 있더라도 / k / > / č / 의 실현이 나타나면 이를 시골 방언으로 간주한다. 즉, 팔레스타인 아랍어에서는 통사론이나 어휘보다 음운이 화자들에게 아랍어의 변종을 결정하는 데 우선적인 요인임을 의미한다.

　시골 방언은 팔레스타인 화자들에게 사회적으로 언어의 훼손된 형태로서 간주되고 있는데 그 원인은 거칠고, 세련되지 못한 소리의 영향 때문에 일반적으로 '유쾌하지 않고', '아름답지 않은' 변종으로 간주되기 때문이다. 즉, 아랍 사회에서 시골은 도시와 베드윈 공동체에 비해 하위 집단으로 간주되었으며, 이런 인식은 시골 방언 특히, 시골 사람들의 발음을 '세련되지 못한 소리'로 여기게 하였고, 이는 결국 시골 방언을 사회적으로 훼손된 형태로 간주하게 하였다. 예를 들어 문어체 아랍어의 /q/가 시골 변이음인 /k/로 실현될 때, 아랍어 원화자들은 이 발음은 세련되지 못한 투박한 소리이며 사회 하층 계급과 문맹자들의 특징적인 발음으로 인식한다.

　시골 방언에 대한 이러한 부정적인 응답은 최근까지 이 방언 화자들의 생활 방식이 농경 생활이었으며, 아랍 사회에서 일반적으로 농경 생활은 하위 직업으로 간주되는 사회적 인식과 관련이 있다. 따라서 시골 방언의 화자들은 사회적인 인지도를 높이기 위해 의도적으로 그들의 방언 대신 도시 방언을 사용하려는 현상이 나타나며 특히 교육받은 젊은 여성의 경우 이러한 경향을 뚜렷이 보이고 있다. 그러나 이런 현상 역시 모든 시골 지역에서 통용되는 현상은 아니다. 여기에 대해서는 본 장의 6절에서 구체적으로 논하도록 하겠다.

4. 베드윈 방언

　베드윈 방언이란 명칭의 '베드윈'은 이 변종의 화자들이 오늘날까지 여전히 비정착민이란 의미는 아니다. 즉 베드윈의 의미는 그들의 생활 형태가 아니라 사막 생활에 따른 부족적인 사회 구조의 특성을 가지고 있고 관련된 가계(家系)에 대한 구성원들의 믿음이 있으며 스스로를 베드윈 또는 베드윈의 후손으로 표현하는 사람들을 의미한다.

이들의 분포 지역은 비르 앗−사비으(Bīr as-Sabiʕ)지역과 나깝(Naqab) 사막, 헤브론과 다른 도시 주변의 일부 팔레스타인 지역과 동안 지역 특히 암만 남쪽 지역을 가리킨다.

사와이(1986)는 그의 응답자들 중 81.6%가 ' / g / 화자'를 동안 출신의 요르단인으로 규정했다고 밝혔다. 베드윈 방언은 요르단 강 동안과 서안 지역에 분포해 있는 베드윈들의 방언을 지칭한다. 베드윈 변종의 음운 특징은 아래와 같다.

(예) / q / > / g /   (예, / qalīl / > / galīl /)
     / ḍ / > / ẓ /   (예, / ḍarab / > / ẓarab /) 등

교육을 받은 베드윈 화자에게서는 아래와 같은 발화 형태를 들을 수 있다.

① / gamāt ilmarʔa /   그 여자는 일어섰다
② / ʔurīd raṭul gamuḥ / 나는 밀 1라툴을 원한다.

위의 예 ①에서는 문어체 아랍어의 어휘 / ilmarʔa / 를 사용하고 있고 문어체 아랍어의 어순인 동사문을 따르고 있지만, 음운에서는 베드윈 방언의 특징적인 변이음인 / q / > / g /이 실현되는 것을 통해서 화자가 교육을 받은 베드윈 출신임을 알 수 있다. ②에서도 화자는 문어체 아랍어의 어휘 / ʔurīd /와 동사문의 어순을 따르고 있지만, 음운에서 역시 베드윈 방언의 특징인 / q / > / g /을 보여주고 있고, / raṭul / 에서는 문어체 아랍어에서는 사용하지 않는 삽입 모음 / u / 가

나타나는 등 베드윈 방언의 특징을 보임에 따라 그가 베드윈 출신의 교육을 받은 화자임을 알 수 있다.

시골 방언의 화자들과 비교해 볼 때 베드윈 방언의 화자들은 그들의 변종에 대해 보다 많은 애정을 가지고 있었고 그들의 방언에 충실하다. 이는 특히 남성 베드윈 화자와 교육받지 못한 늙은 여성 화자에게서 더욱 두드러지는 현상이다.

베드윈들의 그들 방언에 대한 충직함은 언어적으로는 고전 아랍어와 베드윈 방언이 가장 유사하다는 전통적인 믿음과 관련이 있고, 사회적으로는 베드윈 사회의 보수성과 변화에 대한 저항감, 우마위야와 압바시야왕조 시대의 영광과 관련하여 베드윈들이 가지고 있는 베드윈 방언에 대한 우월감과 관련이 있다 하겠다. 즉, 현재의 베드윈 방언을 고대 베드윈 방언의 직계어라고 믿음으로써, 스스로를 과거 베드윈들의 적자(適者)로 생각하는 오늘날의 베드윈들이 역사적인 배경과 관련하여 그들의 방언에 자부심을 느끼는 것은 당연한 현상일는지도 모른다.

압델 자와드(Abdel Jawad, 1981)는 요르단의 구어체 변종에 대한 연구에서 베드윈 방언은 다른 방언들에 비해 보다 남성적인 형태로 인식했다. 그는 고전 아랍어의 /q/의 변이음인 도시와 시골 방언의 /ʔ/와 /k/와 비교해 볼 때 베드윈 방언의 /g/를 '[+남성]'으로 설명했다.

특정 변종의 '남성다움' 또는 '여성다움'은 원화자의 생활환경 및 그 특성과 관련이 있다. 이를테면 아랍인들에게 거칠고 메마른 환경에서 살아가는 베드윈들의 발화는 남성다운 특징을 지닌 것으로 간주되고, 상대적으로 안락하고 풍요로운 환경을 갖춘 도시인들의 발화는 여성스러운 특징을 갖춘 것으로 간주된다. 또한 시골이나 사막의 유목민들에 비해 도시가 많은 문화적 환경과 시설을 갖추고 있어 도시 방언이 보다 세련된 형태로 간주된다.

이러한 경향은 '여성다움'과 '세련됨'을 중시하는 베드윈 출신의 젊고 교육받은 여성 화자들이 / g / > / ? / 로 말씨 바꾸기를 하는 이유를 설명해 준다.

5. 팔레스타인 아랍어 말씨 바꾸기의 특징

말씨 바꾸기의 동기로써 언어 외적인 요인들이 작용한다는 점을 감안할 때, 팔레스타인이 처한 정치적, 사회적 현실은 그들의 언어사용에 반영되지 않을 수 없다. 전술한 바와 같은 말씨 바꾸기의 여러 동기들 중에서 팔레스타인의 경우는 국가의 정체성과 전통적인 아랍 사회의 덕목으로 강조되는 민족적 특성이 그들의 발화에 반영되었다.

이러한 점은 팔레스타인의 정치적 현실과 무관하지 않다. 즉, 유태 민족에게 영토와 국가를 빼앗긴 그들의 현실에서 언어를 통한 자신들의 민족적 정체성의 표현은 그 어떤 다른 변인보다 중요한 요인으로 간주될 수 있다 하겠다.

팔레스타인의 언어 상황을 조사한 쇼랍(1981)은 그의 정보 제공자와의 인터뷰를 예로 제시하면서 애국심과 향토애를 팔레스타인인들의 말씨 바꾸기의 동기로 들었다. 그의 정보 제공자는 지역 변종 간의 말씨 바꾸기에 대한 생각을 물은 질문에 대해 "/ č / 를 / k / 로 대신하는 시골 화자는 배신자이며 그는 팔레스타인인이 아니다"라고 응답함으로써 시골 변종에 대한 강한 애착과 보수성을 보였다. 이 응답자는 팔레스타인의 각 지역 변종의 발화 규범을 준수하는 것이 팔레스타인에 대한 애국심의 표시로 믿고 있었다. 이러한 현상은 팔레스타인의 정체성을 억압하려는 외부 세력에 저항하는 팔레스타인 인들이 국가적·문화적 정체성을 나타내기 위해 전형적인 시골 음소를 강조하는 경향으로 이해할 수 있다.

이런 생각은 언어는 단체의 정체성, 차별성, 연대감의 표시로써 아주 중요한 요인이 될 수 있다. 집단이 외부의 공격을 받을 때는 차별성의 표시로써 언어는 보다 중요해지고 따라서 과장될 수도 있다는 트루길(1974)의 주장을 뒷받침해 준다.

요르단에 거주하는 팔레스타인인들의 발화에서 나타나는 말씨 바꾸기의 주요 변인으로서 야시르 술래이만(1993)은 국적을 고려했다. 그는 국적은 팔레스타인인들이 도시와 시골 방언에서 베드윈 방언으로 말씨 바꾸기를 일으키는 중요한 요인임이 분명하다고 밝히고 있다. 이를테면 요르단에 거주하는 팔레스타인 화자는 요르단 방언의 특징적인 변이음인 / g / 로 전환함으로써 2가지 목적을 달성할 수 있다. 첫째는 팔레스타인 국적을 숨길 수 있고, 둘째는 요르단인들과의 정치적 유대감을 가질 수 있다는 것이다.

그들은 요르단인이라고 생각하는 사람들과의 대화 때나, 대화 상대자의 국적을 알 때까지 대화의 시작 부분에서는 / g / 변이음을 사용하지만, 대화 상대자가 팔레스타인인으로 판명되면 팔레스타인 변이음의 특징인 / ʔ / 로 말씨 바꾸기를 함으로써 언어적으로 국적을 표시하거나 또는 문어체 아랍어의 변이음 / q / 를 사용하였다.

구어체 아랍어의 말씨 바꾸기에 대한 사와이(1986)의 연구에 따르면, 구어체 아랍어는 2가지 동기로 인해 말씨 바꾸기가 나타나고 있다고 주장했다. 첫 번째는 도시 방언의 아름다움, 섬세함, 특히 여성스러움으로 인해 젊고 교육받은 시골 여성 화자나 베드윈 여성 화자들이 도시 방언을 선호하여 나타나는 말씨 바꾸기이고, 두 번째는 베드윈 방언의 남성다움으로 인해 시골과 도시 방언의 남성 화자들이 베드윈 방언으로 전환하는 말씨 바꾸기 현상이다.

남성다움과 관련하여 사와이(1986)는 표준어의 / q / 가 남성 화자들에 의해 높은 비율로 사용된다고 밝혔다. 즉, 도시 / 시골 / 베드윈 방언의 남성 화자들은(특히, 도시와 시골) 그들의 발화에서 남성다움을 강조하기 위해 표준어의 / q / 로 전환하는 경향이 있다고 주장했다.

그러나 사와이의 연구는 / q / 의 변이음을 조사한 압델 자와드(Abdle Jawad, 1981)의 연구와 비교된다. 압델 자와드는 / q / 의 변이음 중 베드윈 방언인 / g / 가 가장 남성답다고 주장한 반면, 사와이는 / q / 를 가장 남성다운 변이음으로 주장했다. 물론 연구의 조사 지역이 다르고 변종에 대한 화자들의 인식이 다르다는 점은 분명하지만 아랍 화자들이 / q / 를 / q / 로 발음하는 경우는 남성다움보다 교육의 영향이 크다고 보아야 한다. 즉, 대부분의 원화자들은 / q / 의 발음을 전술한 것처럼 지역에 따라 지역 변이음인 / ? /, / k /, / g / 로 발음하고 있으며 (일부 단어 제외) / q / 로 발음하는 경우는 현대 표준 아랍어의 영향으로 간주하는 것이 보다 타당하다.

팔레스타인 아랍어의 말씨 바꾸기 현상에 대한 위의 연구에서는 말씨 바꾸기의 동기를 주로 방언 자체의 언어적 뉘앙스와 관련지어 남성다움 또는 여성다움으로 파악하거나, 국적, 애국심, 향토애 등과 관련지어 논의하였다. 그러나 이미 전술한 것처럼 말씨 바꾸기 현상은 복합적인 요인들이 작용하는 하나의 사회적 현상이기 때문에 이러한 2~3가지의 변인만으로 말씨 바꾸기가 일어난다고 단정 짓기는 곤란하다.

특히, 팔레스타인은 유대교와 기독교 등의 서구 문화에 강제적으로 노출됨으로써 급격한 외래문화의 유입과 사회 구조의 변화를 겪고 있기 때문에 이러한 외부 상황의 변화에 따른 말씨 바꾸기도 함께 고려되어야 한다.

6. 팔레스타인 아랍어변종에 대한 인식조사

본 절에서는 팔레스타인의 각 지역 변종에 대한 원화자들의 인식을 통해서 이 지역의 언어 상황에 대한 실증적인 분석을 하겠다.

질문 1) 팔레스타인에는 도시 / 시골 / 베드윈 방언 간의 차이가 있다. 동의하는가?

	남	여
동 의 한 다	100%	97.6%
동 의 하 지 않 는 다	0%	2.4%
무 응 답	0%	0%

질문 2) 도시 / 시골 / 베드윈 방언 중에서 어느 방언이 가장 많이 보급되어 있는가?

	남	여
도 시	11.7%	29.3%
시 골	88.3%	70.7%
베 드 윈	0%	0%

질문 1)에서는 교통수단과 대중매체의 발달 등으로 인해 지역 간의 차이와 특색이 희석되고 있는 현재의 사회적 변화에도 불구하고, 아랍어 원화자들은 팔레스타인 아랍어에는 도시 / 시골 / 베드윈 변종이 여전히 구분되어 있다는 기존의 연구 결과3)를 입증해 주었다.

표에서 보는 것처럼 남성 화자의 100%, 여성 화자의 거의 전부(97.6%)

가 각 지역 변종 간의 차이가 있음을 인정했고, 다른 연구 결과와 마찬가지로 이 차이는 주로 음운에서 나타났다.

그러나 질문 2)의 특정 방언의 보급률에 대한 질문에서는 다른 지역의 연구와 차이를 보였다.

홀스(C.Holes, 1996)는 일반적으로 20세기의 아랍 사회는 베드윈 사회가 점차 사라지고 문명의 보급과 교통·통신 수단 및 매스미디어의 발달, 각 지역 간의 상호 접촉의 증가와 도시의 발달 등으로 인하여 시골 / 베드윈 / 방언이 점차 도시 방언으로 편류되어 가고 화자들 역시 도시화되어 도시 방언을 선택하는 경향이 있다고 주장했으며, 이 주장이 사회의 변화에 따른 자연스러운 현상으로 간주되고 있다. 이는 어느 순간의 언어 선택은 그 언어 공동체의 가치와 동화하려는 화자의 욕구를 반영한다는 파솔드(1992)의 주장과도 일치한다.

그러나 현지 조사를 통해 나타난 라말라의 상황은 위의 주장과는 대조되는 결과를 보여주었다. 즉, 도시 방언이 가장 많이 보급되어 있다는 주장은 남성은 11.7%, 여성은 29.3%에 불과했고, 시골 방언이 가장 많이 보급되어 있다는 주장은 남성은 88.3%, 여성은 70.7%로 나타나 도시 방언에 비해 시골 방언이 압도적인 우위를 나타내었다.

남성에 비하여 여성들이 도시 방언을 선호하는 경향을 나타낸 것은, 쇼랍(1981)의 주장처럼, 도시의 부드러움, 세련됨과 상업과 문화, 교육의 중심지와 관련된 도시의 기능 때문에 남성들보다 여성들이 도시 방언을 선호하는 심리적인 차이점과 관련이 있다 하겠다.

도시가 시골과 베드윈 사회에 비해 문화적인 우위를 차지하고 있고 상업과 교육의 중심지이기 때문에, 언어에서도 도시 방언으로의 편류가 일반적인 현상이라는 홀스나 압델 자와드의 연구 결과와 본 연구의 결과는 대조적인 면을 보였다. 그러나 이런 차이점은 각 지

---

3) 팔레스타인의 각 지역 변종에 대한 기존의 연구는 2장과 3장 참조.

역의 특수성과 개별적인 환경의 차이로 설명할 수 있다.

　아래의 그림 1)에서처럼 도시의 기능이 강하여 주변의 시골에 영향력을 끼치고 이들을 흡수하여 중심체로서의 역할을 하는 지역(예, 요르단의 암만)에서는 도시 방언이 시골 방언에 영향을 끼쳐 주변의 시골 방언들이 도시 방언의 특징으로 전환하는 경향이 나타난다. 이런 경우는 홀스나 압델 자와드의 연구 결과와 호응하는 경우다.

　그러나 그림 2)에서처럼 도시가 지역 중심으로서의 기능이 미약할 경우는 시골 방언이 각 지역 방언 형태를 유지하며 시골 방언이 우위의 변종으로서 인식되기도 한다.(예, 팔레스타인의 라말라) 이는 필자의 연구 결과와 호응하는 경우다.

　따라서 도시 방언으로의 흡수와 시골 방언으로의 분산 현상은 도시의 기능과 영향력 여하에 따라 좌우된다 할 수 있다.4)

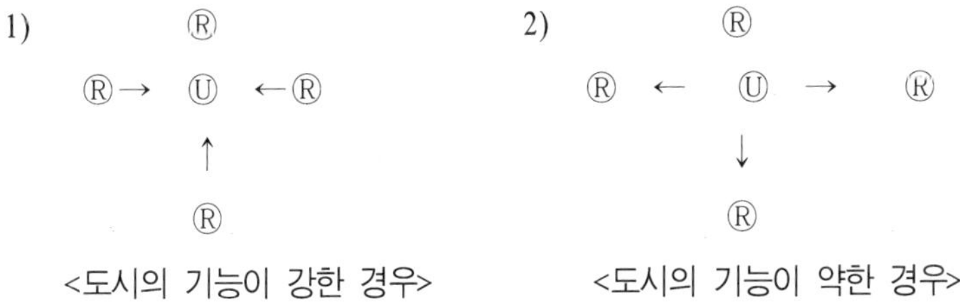

<도시의 기능이 강한 경우>　　　<도시의 기능이 약한 경우>

　이런 결과는 요르단의 이르비드(Irbid)에서 실시한 연구에서도 나타났다. 후세인(R.F.I., 1986)이 야르묵대학교 학생 399명을 대상으로 현대 표준 아랍어, 도시방언, 시골방언과 베드윈 방언 중 각 변종들의 사회적인 우위도와 관련하여 변종들을 배열할 것을 요구한 조사에서 아래와 같은 결과가 나타났다.

---

4) ⓡ은 Rural의 약자로서 시골을 의미하며, ⓤ는 Urban의 약자로서 도시를 의미한다. → 는 도시 기능의 강약 여부에 따라 도시 주변의 시골 변종들이 도시 변종에 흡수 또는 방출되는 관계를 표시한 것이다.

<아랍어의 변종과 사회적 우위도>

	현대 표준 아랍어	베드윈 방언	시골 방언	도시 방언
사 회 적 우 위 도	57.67	42.35	40.14	39.02

위의 표에서처럼 사회적으로 가장 우위의 변종은 현대 표준 아랍어이며, 베드윈 방언, 시골 방언, 도시 방언의 순서로 나타났다. 현대 표준 아랍어가 모든 아랍인들에게 사회적으로 가장 우위의 방언으로 인식되는 것은 알려진 사실이다. 또한 베드윈 방언을 비교적 우위에 둔 것은 일부 아랍인들의 마음속에는 베드윈 방언에 대한 신뢰가 있으며 아랍인들의 사고방식과 생활 습관에서 드러나는 아랍 문화의 베드윈적인 성격과 베드윈 변종 간의 밀접한 관계 때문인 것으로 간주된다.

그러나 그 차이가 미비하지만 시골 변종을 도시 변종보다 사회적으로 우위의 변종으로 간주한 것에 대해서 후세인은 이 지역이 아직 시골 지역이며, 이 지역의 화자들이 도시 변종을 수용하지 않기 때문이라고 밝혔다.

후세인은 만약 이 조사를 예루살렘, 라말라, 나블루스 등의 대도시에서 실시하면 다른 결과가 나타나리라고 예측했지만, 라말라에서 실시한 본 연구에서는 이르비드 지역과 비슷한 결과가 나타났다. 이는 라말라 역시 언어적으로는 아직 인접 지역에 대한 중심체로서의 역할을 충분히 수행하지 못하고 있으며, 이 지역 화자들의 도시 방언에 대한 의식도 비교적 희박함을 보여주었다고 생각한다. 즉, 라말라에서는 후세인이 기대한 만큼의 도시화가 아직 이루어지지 못하고 있다 하겠다.

이 조사를 통해서 팔레스타인의 각 지역 변종 중에서 도시 방언이 항상 우위의 변종으로 간주될 수는 없으며, 지역의 성격과 특성

에 따라 화자들이 느끼는 우위 변종은 상이할 수 있다는 것을 알 수
있었다.

V
격식 상황과 비격식 상황의 담화 분석

본 장에서는 격식 상황과 비격식 상황에서 20대 청년층과 30대 장년층의 팔레스타인 지식인 계층의 담화를 분석하고자 한다. 이는 전 장에서 논한 팔레스타인의 여러 변종들이 지식인 계층의 담화에서 실현되는 형태를 분석하기 위한 것이다.

본 장에서 자료의 수집 범위를 지식인 계층으로 제한한 것은 무학(無學) 또는 중·고등학교 이하의 교육을 받은 이들은 문어체 아랍어의 습득 기회가 거의 없거나 빈약해서, 이들의 대화에서는 블랑크(1960)가 언급한 층위화 장치에 의한 말씨 바꾸기는 존재할 수 있지만, 고전화 장치에 의한 말씨 바꾸기는 그 자체가 거의 존재하지 않거나 극히 예외적인 경우(꾸란의 암송 등)로써 존재하리라 생각하기 때문이다.

본 조사에서 분석한 녹취 자료는 조사자가 응답자에게 녹음 사실을 알리고서 팔레스타인의 언어 상황과 아랍어 교육에 대한 주제로 나눈 대화를 녹취한 경우와 응답자에게 녹음 사실을 알리지 않고 일상적인 신변잡기를 주제로 응답자들이 나눈 대화를 녹음한 자료로 구분되어 있다. 이렇게 자료를 구분한 것은 격식 상황과 비격식 상황에서 응답자들의 담화를 유도하기 위한 것이었다.

따라서 각각의 인터뷰에는 문어체 아랍어에서 구어체 아랍어로 또는 그 반대 형태의 급격한 말씨 바꾸기를 기대하기는 어렵다. 이는 인터뷰가 이루어진 동안 대화 상대가 바뀐다거나, 대화의 주제를 바꾼다거나 등의 말씨 바꾸기가 일어날 변인을 제공하지 않았기 때문에 응답자는 주어진 상황에 어울리는 변종을 지속적으로 사용할 것이라고 기대했다.

그러나 격식 상황과 비격식 상황에서 원화자들이 사용할 변종은 다를 것이며, 이러한 차이는 아랍인들의 말씨 바꾸기의 한 유형을 보여준다고 생각한다. 즉, 격식 상황에서는 문어체 아랍어를 비격식 상황에서는 응답자들의 지역 변종인 팔레스타인 아랍어를 사용할 것이라 생각한다. 따라서 두 가지 경우의 상호 비교를 통해 아랍인들의 말씨 바꾸기의 형태를 볼 수 있을 것이다.

그러나 격식적인 상황에서 지식인들이 나누는 대화라고 해서 순수한 문어체 아랍어만으로 대화를 진행한다고 생각하기는 어렵다. 이는 하리(1992)가 하나의 변종으로 대화가 진행되는 경우는 극히 예외적인 것이라고 지적한 것처럼, 격식 상황에서 지식인들의 대화나 연설에서도 구어체 방언의 간섭은 어떠한 형태로든 나타나리라 생각한다.

퍼거슨(1959)이 아랍어 공동체에서 문어체 아랍어를 사용하는 경우로써 교회, 사원의 설교, 개인 편지, 정치적 연설, 대학 강의, 보도 매체, 신문사설, 보도기사, 시나 시집 등을 언급하였지만, 이 경우에도 문어체 아랍어만으로 발화가 이루어지지는 않는다. 예를 들어 이맘이 사원에서 설교를 하며 고전 아랍어를 사용하지만 대중들에게 꾸란과 하디스를 이해시키기 위해서는 구어체 아랍어를 사용하지 않을 수 없을 것이다.

따라서 본 장에서는 격식 상황과 비격식 싱횡에서의 담화 분석뿐만 아니라 격식 상황에서 나타나는 구어체 아랍어의 간섭에 대해서도 논하겠다.

1. 격식 상황의 담화 분석

1) 30대 지식인 계층의 담화 분석

격식 상황에서 지식인 계층의 담화 분석을 위한 첫 번째 조사는 필자가 1997년 5월 23일 비르제이트대학교의 팔레스타인 아랍어 연구소(PAS, Palestinian Arabic Studies)를 방문하여, 이 연구소에서 아랍어를 외국인들에게 가르치는 30대 중반의 팔레스타인 교수들(집단 A)을 대상으로 실시하였다. 이 조사에서는 현지의 아랍어 상황과 외국인들에 대한 아랍어 교육과 관련하여 인터뷰를 하였고, 이때의 대화 내용을 녹취하였다. 이때 응답자들은 인터뷰를 녹음한다는 사실을 알고 있었다.

(집단 A)

—matā tastaxdim il-luɣah il-fusḥā?

—ʔastaxdimuhā ʕindamā ʔuqābilu šaxṣ······naʕam *miš* ʔajnabī······ awbišakl rasmī······wa lākinna fī il-bayti lā maʕa ʔusratī······lā ? atahaddatu il-fusḥā ʔilā fī il-dars aw fi il-muḥāḍarah ʔiḍan kāna hunālak······ʔiḍan kāna bi-fiʕl haḍihi il-muḥāḍarah bi-lfusḥā. wa lakinna ʔanā ʔuʕallim ʔayḍan al-ʕāmmiyyah fī haḍih il-jāmiʕah. lā ʔatahaddat il-fusḥā······fi baytī wa fi ḥayatī il-ʕāmmah lā ʔatahaddat il-ʕāmmiyyah. hunāk lahjah natahaddaṭuhā jamīʕan.

—mā raʕyuka ʔan mustaqbal il-luɣah il-fusḥā?

—il-luɣah il-fusḥā lā yaqif ʕalā al-ʕāmmiyyah, lā yataʔaṭar bi-lʕ āmmiyah, liʔannā ʔiḍan fakkarna qalīlan ʔanā ʔatahaddat il-ʕ āmmiyyah, faqaṭ. wa lakinna ʔaktub il-baḥṯ bi-lfusḥā wa ʕindamā ʔatahaddat fi qāʕah id-dars······tuʕṭi muḥāḍarah ʔuqaddimuhā bi-lfusḥā······ʔarā ʔanna il-ʕāmmiyyah tuɣnī il-fusḥā wa laysa tufaqqir il-fusḥā.······l-fusḥā hiyā il-luɣah ʔallatī kutiba bihā il-qurʔ ān il-luɣat il-qadīmat il-ʔūlā ʔalʔān ḥattā fī il-xiṭabāti ir-rasmiyyāti natahaddaṭu il-luɣah modern standard Arabic. hāḍih il-fusḥā lahā

gurūn ʕadīdah······il-ʕāmmiyah aw al-lahjāt il-ʕāmmiyyah il-ʕarabīyah
kat̲īrah. wa ʔilā ʔalʔan lām ʔarā aw lām nasmaʕ ʔan il-fusḥā taʔat̲arat
aw qalla saʔnihā······il-ḥadīt̲ *illi* huwa *binammayā* naḥnu ʔaṣdarah
il-rasūl······had̲ā il-ḥadīt̲ yuqāl bil-luɣat il-fusḥā. ʔan taḥawwil ʔayah
fi il-qurān min il-fusḥā ʔilā il-ʕāmmiyyah had̲ā ḥarām ʔinta *biddak*
taqūl ḥadīt̲ ʔan il-rasūl, lazīm taqūl bi-lfusḥā.

언제 문어체 아랍어를 사용합니까?

─나는 사람들을 만날 때······외국인이 아니라······공식적으로는 문
  어체 아랍어를 사용합니다. 그러나 집에서 가족들과는 공부할
  때를 제외하고는 문어체 아랍어를 사용하지 않습니다.······나는
  강의 시간에 문어체 아랍어를 사용합니다만 구어체 아랍어도 사
  용합니다. 모든 경우에 문어체 아랍어를 사용하는 것은 아닙니
  다. 집에서 그리고 일상생활에서 나는 구어체 아랍어를 사용합
  니다. 그리고 우리 모두가 사용하는 구어체 아랍어가 있습니다.
─문어체 아랍어의 미래에 대한 당신의 생각은 무엇입니까?
─문어체 아랍어는 구어체 아랍어에 영향을 끼치지 않습니다. 나는
  대화를 할 때 구어체 아랍어를 사용합니다. 그러나 나는 글을 쓸
  때나 강의실에서 강의를 할 때는 문어체 아랍어를 사용합니다. 나
  는 구어체 아랍어가 문어체 아랍어를 풍부하게 한다고 생각합니다.

고전 아랍어는 꾸란이 기록된 언어이며 가장 오래된 언어입니다. 심
지어 오늘날에도 공식 서한에서는 현대 표준 아랍어가 사용됩니다······
─고전 아랍어는 오랜 역사를 지니고 있습니다. 구어체 아랍어와
  아랍 방언은 많지만 나는 지금까지 문어체 아랍어가 구어체 아
  랍어의 영향을 받았다는 말을 듣지도 보지도 못했습니다.
  우리가 말하려고 하는 전승은 예언자가 말한 것입니다.······이 전

승은 고전 아랍어로 말해진 것입니다……꾸란을 문어체 아랍어에
서 구어체 아랍어로 바꾸려는 시도는 잘못된 것입니다. 당신도
예언자에 대한 전승을 말하려고 한다면 문어체 아랍어로 말해야
합니다.

위의 대화에서 화자는 아랍 지식인들이 격식 상황에서 사용하는
변종인 고전 아랍어와 현대 표준 아랍어의 특징들을 음운론·통사론·
형태론·어휘 등에서 구체적으로 보여주었다.

(1) 음운론의 층위

집단 A와의 인터뷰에서 원화자들은 지역 변종의 변이음을 부분적
으로 발음하였지만, 고전 아랍어와 현대 표준 아랍어의 음운을 주로
발음하였다. 자음에 있어서 현대 표준 아랍어와 구어체 아랍어의 음
운을 가장 분명하게 구분해 주는 / q / 는 지역 변이음인 / ʔ /, / k /, /
g / 로 발음되지 않고 / ʔuqābilu /, / qalīlan /, / faqaṭ /, / qāʕah / /
tufaqqir /, / il-qadīmat /, / qalla / 등에서처럼 현대 표준 아랍어인 무성
구개수폐쇄음 / q / 로 발음되었고, / ḏ / 는 지역 변이음인 / z / 로 발음
되지 않고 / ʔiḏan /, / haḏihi /, / haḏā / 등에서처럼 현대 표준 아랍어
의 유성치간마찰음인 / ḏ / 로 실현되었다. 또한 / ṯ / 는 지역 변이음인
/ s /, / t / 로 발음되지 않고 / ʔataḥaddaṯu /, / kaṯīrah /, / il-ḥadīṯ / 등에
서처럼 현대 표준 아랍어의 무성치간마찰음인 / ṯ / 로 실현되었다.

모음에 있어서 현대 표준 아랍어의 8모음이 주로 발음되었고, / e
/, / o /, / ē /, / ō / 등의 구어체 아랍어의 모음이나 이중모음이 장모음
화되는 현상을 위의 대화에서는 거의 찾아볼 수 없었다. 즉, /
il-bayti /, / ʔaydan / 등에서 볼 수 있는 것처럼 응답자들은 이중모음
은 모두 이중모음으로 발음하였다. 이는 3장에서 논한 것처럼 이중

모음을 정확하게 발음하는 것은 격식 상황에서 지식인들 발화의 일반적인 특징으로 간주된다는 점과 일치한다.

(2) 통사론의 층위

고전 아랍어 통사론의 가장 큰 특징 중의 하나는 어말모음변화이다.[1] 이 현상은 고전 아랍어의 현대화된 형태인 현대 표준 아랍어에서는 휴지형으로 표시되지만, 아랍·무슬림 학자들은 이 특징을 아랍어의 우수성을 가장 잘 보여주는 특징으로 간주한다. 그러나 어말모음변화는 아랍어 쓰기 체계에서 꾸란이나 교육용 교재의 경우를 제외하고는 거의 표기되지 않는다는 특징으로 인하여 아랍어를 다른 언어보다 어렵게 만든 원인이기도 하다.

집단 A와의 대화에서 명사의 격변화는 / fī il-bayti /, / maʕa ʔusratī / 등에서 나타났고, 동사의 법변화는 / ʔastaxdimuhā /, / nataḥaddaṯuhā /, / ʔuqābilu /, / ʔataḥaddaṯu / 등에서 나타났다. 이는 화자가 이말의 모음을 의도적으로 발음함으로써, 본인의 발화가 아랍 사회에서 가장 고상한 문체로 간주되는 고전 아랍어임을 강조하려는 것으로 생각된다. 그러나 응답자는 대화가 진행되면서 어말모음변화에 어려움을 느낀 듯 곧 어말모음의 발음을 포기하고 휴지형으로 발음함으로써 어말모음변화의 사용이 일상적인 발화 형태가 아님을 보여주었다.

어순에 있어서는 대화의 첫 부분에서는 고전 아랍어의 어순인 동사문을 주로 사용하였지만, 곧 현대 표준 아랍어와 구어체 아랍어의 어순인 명사문으로 전환하였다. 화자가 대화 초기에 동사문을 사용한 것 역시 격식 상황에 어울리는 고전 아랍어의 어순을 선택하려는

---

1) 본 고의 4.1. 참조.

화자의 의도로 생각된다.

또한 / ʔarā ʔanna il-ʕāmmiyyah tuɣnī il-fushā wa laysa tufaqqir il-fushā. / 에서 구어체 아랍어에서는 거의 나타나지 않는 / ʔanna / 를 이용한 복문도 문어체 아랍어의 두드러진 특징이라 하겠다.

(3) 형태론의 층위

관계 대명사는 선행사의 성과 수에 따라 형태 변화를 일으키는 문어체 아랍어의 / ʔalatī / 를 사용하였고, 부정의 표현에서는 현대 표준 아랍어의 / lam + 미완료 / 와 / lā + 미완료 / 가 주로 사용되었으며, 수동태의 표현에 있어서는 고전 아랍어의 수동태 형태인 완료의 / CuCiCa / 형태 (/ kutiba /)와 미완료에서는 / yuCCaC / 형태 (/ yuqāl /)를 사용하였는데, 이런 형태는 구어체 아랍어에서는 거의 사용되지 않는 형태다.

어휘에 있어서도 / ʔuqābil /, / ʔarā /, / ʔayḍan /, / ʔalʔān /, / faqaṭ / 등 문어체 아랍어에서만 사용되는 특징적인 어휘들이 많이 사용되었다.

그러나 이들은 대화에서 완전히 문어체 아랍어만을 사용한 것은 아니다. 대화의 초기에서부터 방언의 간섭이 나타나기 시작하여 대화가 점차 진행되면서 음운론·통사론·형태론·어휘 등에 걸쳐 구어체 아랍어의 간섭이 점차 많이 나타났다.

집단 A와의 인터뷰에서 볼 수 있는 것처럼 비록 화자들이 대부분의 대화에서 문어체 아랍어를 사용하였지만 구어체 아랍어로부터 완전히 자유롭지는 못했다. 어휘 선택에 있어서는 / miš /, / illi /, / bidak / 등의 구어체 아랍어 어휘의 간섭과, / gurūn / 에서처럼 / q / > / g / 로 변이하는 구어체 방언의 음운론적인 간섭이 함께 나타났으며, 미완료 접두사 / bi- / 를 사용하는 형태도 나타났다.

또한 화자는 대화 도중 현대 표준 아랍어에 대한 적당한 표현을 찾지 못하자 / modern standard Arabic / 과 같이 영어로 말씨 바꾸기를 하였다.

이러한 형태의 말씨 바꾸기는 화자의 의도적인 발화 전략이라기보다는 화자의 모어인 지역 방언의 무의식적인 간섭이라고 생각한다. 즉, 화자는 녹음 중이라는 대화의 상황을 충분히 인식하고 있었고 대화의 주제도 아랍어의 현재 상황과 미래에 관한 비교적 진지한 내용이었으며 본인이 교수라는 사회적인 지위를 의식하여 대화의 초기에는 문어체 아랍어를 사용하려 노력했으나, 대화가 진행되면서 무의식적으로 본인의 구어체 방언의 간섭을 보여주었다.

이러한 간섭은 인터뷰가 진행되는 동안 응답자가 심리적 안정을 되찾으면서 더욱 빈번하게 나타났다. 즉, 집단 A와의 대화에서 응답자의 말투는 대화의 진행에 따라 형식적 말투(formal style)에서 일상적 말투(casual style)로 변화하는 추세를 보였다고 할 수 있다.

이러한 현상은 대부분의 아랍인들에게 구어체 아랍어는 강력한 영향력을 끼치며, 문어체 아랍어에 대한 구어체 아랍어의 무의식적인 간섭은 일반적인 현상이라는 카왈리(1987)의 주장과 일치한다.

2) 20대 지식인 계층의 담화 분석

20대 지식인 계층을 대상으로 한 격식 상황의 두 번째 조사는 비르제이트대학교의 카페테리아에서 이 대학교의 학생들을 대상으로 실시하였다. 이 인터뷰의 주제는 집단 A와 같은 주제였고, 역시 녹음 사실을 알렸다.

집단 A의 조사 대상이 현직 대학 교수들이고 30대 후반의 연령층인 데 비하여 집단 B의 조사 대상자들은 19˜22세 사이의 대학생들로써 직업과 연령 면에서 다소의 차이가 있다.

따라서 집단 A와 동일한 상황과 주제하의 인터뷰였지만, 집단 B
에서는 이러한 변인들이 그들의 언어사용 유형에 반영되어 변종의
선택에 있어 차이를 보이거나 방언의 간섭이 더욱 많이 나타날 것이
라는 예측을 했다.

(집단 B)

—*šū biddi iḫkā* il-luɣah il-fusḥā aw luɣah il-madīnah?

—naẓara il-filāhīn ʕindi fī il-qirayāh aw ḥatā fī *il-bēt* ṣārat *biyixtalif*
leš ana *biḥakā* hīk fabiḍṭrr innani *biarjaʕ* illā il-luɣat il-ʕāmmiyat
aw luɣat il-filāḫīn nafsi. hay *bitilʔab dōl*⋯⋯ḫatā *bilfarq* il-wasiʕ
bil-luɣat il-ʕāmmiyyat wi il-fusḥā⋯⋯fī asālib kaṯirah il-wāhid
biḥakihā⋯⋯tabʕan is-sabab ir-raʔīsiyy huwa ʕadam istaxdām wa
ihmāl il-luɣah il-fusḥā. ṭabʔan il-luɣah il-ʕarabīyah hiya min aṣaʔb
il-luɣāt fi il-ʕālam. liʔannahā ilahā qawāʕīd *ktīr ktīr* il-wāhid *biddu*
biyidkik fīhā bilākīha ṣaʕbah.

—biltālī anā bitarīh ʕalā il-luɣah il-ʕāmah *aktar* min il-luɣah
il-fusḥā.⋯⋯il-luɣah il-inklījīyah ilaha qawāʕid bas basīṭah yaʕnī
ḥatā ay wāḥid fī iš-šāriʕ *biyiḫkīhā*

—yaʕnī *leš* il-ihtimām tabʔak bi-llahjah il-filasṭīniyah aw dirāsah
il-lahjah il-filasṭīniyah?

—anā mina l-xalīl, hunāk fī lahjāt *aktar*⋯⋯l-lahjah muxtalifah fī
nafs l-madīnah, wa *l-kurā bitixtalif*⋯⋯fī rām al-lah libaʕdhā⋯⋯rām
al-lah l-nās illi fīha l-nās *biyiḫkū* bilahjah *bitixtalif* ʕan lahjah
l-madīnah.⋯⋯bas maṭalān fi il-xalīl il-lahjah maṭalān fi
il-madīnah madīnah fi nafs madīnah il-xalīl *bas* fi qurā ḥawālīhā
il-filāhin

－당신은 내가 문어체 아랍어와 도시 방언 중 어떤 변종으로 말하길
　원하십니까?

－이 지역 사람들은 언어에 대해 다양한 생각을 갖고 있습니다.
　나는 문어체 아랍어를 사용하지만 때때로 구어체 아랍어 또는
　시골 방언을 사용하도록 강요받습니다. 구어체 아랍어는 많은
　역할을 합니다. 문어체 아랍어와 구어체 아랍어는 큰 차이가 있
　어요. 내가 말할 수 있는 한 가지 가장 큰 이유는……물론, 가장
　중요한 이유는 문어체 아랍어를 사용하지 않고 무시해버리기 때
　문입니다. 아랍어는 세계에서 가장 어려운 언어입니다. 이는 아
　랍어가 문법이 많기 때문입니다. 누구든지 아랍어 문법을 정복
　하려는 사람이 있다면 그것이 어렵다는 것을 알게 될 것입니다.

－물론 나는 문어체 아랍어보다 구어체 아랍어의 사용이 수월합니
　다. 영어에도 문법은 있지만 이는 간단합니다. 거리에서 만나는
　그 누구도 영어를 사용합니다.

－왜 팔레스타인 방언에 관심을 가지고 왜 연구히십니까?

－나는 헤브론 출신입니다. 헤브론에도 많은 방언이 있습니다……
　도시 방언과 시골 방언은 차이가 있습니다. 라말라의 방언도 차
　이가 있습니다……라말라에 사는 사람들은 도시에 사는 사람들과
　다른 방언을 말합니다.

－예를 들어 헤브론에는 헤브론 자체의 도시 방언이 있고 헤브론
　주변을 에워싸고 있는 시골 방언이 있습니다.

(1) 음운론의 층위

　집단 B와의 위의 인터뷰에서는 집단 A와의 인터뷰와는 대조적으
로 고전 아랍어의 특징은 거의 나타나지 않았고, 대신 현대 표준 아
랍어의 특징이 두드러지게 나타났다.

모음에 있어서는 현대 표준 아랍어의 특징인 이중모음의 장모음화 현상이 / bayt / > / bēt /, / dawl / > / dōl / 등에서 나타났으며, 자음에 있어서는 함자의 특징이 나타났다. 즉, 어두에서 / ?+모음 / 인 경우 함자가 생략되어 / anā /, / asālib /, / aktar /, / ihmāl / 등으로 발음하였다.

문어체 아랍어의 음운 / q / 는 / il-qirayāh /, / qawāʕid / 등에서 보존되는 경우도 있었지만 / l-kurā / 에서는 / q / > / k / 가 실현되었다. 또한 문어체 아랍어의 음운 / t̲ / 는 / kat̲irah /, / mat̲alān / 등에서는 보존되었지만, / ktīr /, / aktar / 등에서는 / t̲ / > / t / 가 실현되어 시골 방언의 음운적인 특징을 보여주었다. 즉, 집단 B의 발화에서도 격식 상황에서 문어체 아랍어의 음운과 구어체 아랍어의 음운이 혼합되어 발화되었으며, 구어체 아랍어의 빈도는 집단 A보다 더욱 빈번했다.

특히 라말라에서는 시골 방언이 도시 방언보다 많이 보급되어 있는 것으로 조사되었는데, 이는 화자들의 발음에도 반영되어 지역 변이음 중 시골 방언의 변이음이 두드러지게 나타났다.

(2) 통사론의 층위

통사론적인 측면에서 응답자들은 어말모음변화를 거의 휴지형으로 나타내었으며, 문장의 어순 역시 대화의 첫 문장만 동사문을 사용하였고, 그 이후부터는 명사문을 사용하여 고전 아랍어의 통사적인 특징은 거의 나타내지 않았다.

(3) 형태론의 측면

형태론적인 측면에서도 구어체 아랍어의 특징이 두드러지게 나타나고 있다. 구어체 아랍어 형용사의 일반적인 형태인 / CCVC / 형태가 / ktīrh / 등에서 나타났고, 미완료 접두사 / bi- / 가 / biḥakā /, /

biarjaʕ/, / biyixtalif/ 등에서 사용되었다. 또한 구어체 방언의 관계 대명사 / illi /가 사용되었으며 구어체 아랍어의 가장 일반적인 특징 중의 하나인 탈탈라(al-taltalah)현상[2]이 / bitilʕab/, / bitixtalif / 등에서 나타나고 있다. 어휘에 있어서는 / šū /,[3] / leš /,[4] / bas /,[5] / biddu /, / biḥakā / 등 구어체아랍의 어휘가 다양하게 사용되었다.

격식 상황에서 구어체 아랍어의 간섭은 홀스(1995)가 바레인에서 실시한 연구에서도 나타났다. 홀스는 교육을 받은 바레인 사람들이 중동 정치와 같은 진지한 주제를 이야기할 때 그들이 사용한 많은 어휘와 표현들은 비방언 즉 현대 표준 아랍어다. 이러한 표준 어휘 들은 주로 명사구(평화 과정, 신세계 질서 등)로서 이들 표현은 언어 적으로 고정되어 화자의 방언이 영향을 끼칠 여지가 거의 없으며 통 사적인 면에서도 고정되어 있다. 그러나 화자들에게 익숙해 있는 문 장들은 통사론과 형태론에서 그들의 방언의 영향을 받기도 한다. 또 한 비기술적인 용어나 표현과 '보다', '가다', '가져오다', '하다', '만 들다' 등 일반적으로 자주 사용되는 표현에서는 방인의 표현들이 일 반적으로 사용되었다고 밝혔다.

본 조사에서도 응답자들은 '무엇', '왜' 등의 의문사와 '희망', '미 래' 등의 표현과 '말하다', '하다' 등의 표현에서는 구어체 아랍어의 표현이 나타났다.

집단 B와의 인터뷰에서도 응답자들은 대체적으로 문어체 아랍어 를 사용하고 있지만 방언의 간섭이 집단 A에 비해 많이 나타나고

---

2) 고대 아라비아반도 부족 언어의 특징 중의 한 가지로서 2인칭 미완료 동사의 첫음절 / ta /가 / ti /로 변화하는 현상을 말한다. (예) / taʕlam / > / tiʕlam / '당신은 안다'

3) "/ šū /는 구어체 아랍어에서만 사용되는 어휘로서 문어체 아랍어의 / ʔ ay šayun /의 축약 형태로서 '무엇'의 의미다."

4) "/ leš /도 구어체 아랍어의 어휘로서 문어체 아랍어의 / lī ʔay šayun / 의 축약 형태로서 의문사 '왜?'의 의미다."

5) "/ bas /는 페르시아에서 차용된 어휘로서 '충분한', '그만'의 의미다."

있다. 이는 집단 B의 화자들이 집단 A의 화자들에 비해 사회적 위신과 연령에서 차이가 나고, 보다 개방적인 사고방식을 가지고 있다는 점과 관련이 있다고 생각한다.

이 연구를 통해서 팔레스타인을 포함한 아랍의 지식인 계층은 격식 상황에서 문어체 아랍어를 사용하지만 이는 화자의 의도적인 선택이며 일상적인 발화 형태는 아니라는 것을 구어체 아랍어의 간섭을 통해서 알 수 있었다. 이러한 구어체 아랍어의 간섭은 특히 연령이 낮은 계층일수록 더욱 두드러지게 나타났다. 격식 상황에서 연령에 따른 발화의 차이를 정리해 보면 아래와 같다

<격식 상황에서 20대와 30대 연령층의 발화의 차이점>

	집단A(30대)	집단B(20대)
어말모음변화	일부 나타남	나타나지 않음
문장의 종류	동사문과 명사문 혼용	주로 명사문
이중모음	발음함	장모음화
어두의 함자 발음	발음함	발음하지 않음
지역 변이음	일부 나타남	대부분 나타남
관계 대명사	/ ʔallatī /	/ illi /
탈탈라현상	없 음	있 음

위의 표에서 알 수 있는 것처럼 격식 상황에서 아랍 지식인 계층의 발화는 연령층에 따라 다소의 차이가 있었다. 즉, 집단 A의 30대 교수들의 담화는 집단 B의 20대 대학생들의 담화에 비해 더욱 보수적인 형태로 나타났으며, 이는 응답자들의 직업 및 본인들이 느끼는 변종 선택에 대한 사회적 위신과 관련이 있다고 생각한다.

2. 비격식 상황의 담화 분석

격식 상황에서의 아랍인들의 발화는 퍼그선이 언급한 상층 변종인 문어체 아랍어로 이루어지는 데 비하여 비격식 상황에서는 하층 변종인 구어체 아랍어가 사용될 것이다. 구어체 아랍어는 하인, 노동자들에게 내리는 지시, 친구나 가족과의 대화, 라디오 연속극, 정치만화의 표제, 민속 문학 등을 포함한 비격식 상황에서 사용되는 변종으로써 무학자와 지식인 계층을 막론하고 아랍인들이 태어난 후부터 자연스럽게 습득하는 변종이다. 또한 비격식 상황에서는 화자의 지식수준과 무관하게 구어체 아랍어가 사용될 것이며 연령층에 따른 발화의 차이도 크지 않을 것이라고 생각한다.

본 절에서는 팔레스타인 지식인 계층의 화자들이 비격식 상황에서 나눈 내화를 분석하여 그 담화의 특징을 분석하고자 한다.

1) 30대 지식인 계층의 담화 분석

비격식 상황에서 30대 지식인 계층의 담화 분석에 사용된 이 자료는 비르제이트대학교의 교수 휴게실에서 팔레스타인 아랍어연구소의 30대 후반의 두 교수의 대화를 녹취한 것이다. 이 두 사람은 녹음 사실을 알지 못했고 일상생활에 대한 대화를 나누고 있었기 때문에 이들의 대화는 비격식 상황에서 팔레스타인 지식인 계층의 대화로 간주할 수 있을 것이다.

(집단 C)

−qūl wi *ɣayr* allah ʕaraffūh bil-ʕakl yā jalameh ḥimār wabištaraṭ.
tāb wallah lanjilhā dakārah fīkū. tešūf kaddīš bijībū fīhā liʔānna
mā jibtš fīhā tisʕīn aqṭāʕi īdī······akīd naḥnā binidriš law bidnā
nidris binijīb fīhā tissiniyāt tāb jībū tisʕiniyāt mantā šāyfinā allah
ḥadi *alʔān* miš fētiḥ kitāb haza il-usbūʕ mā feteḥš wi lā kitāb.
anā hīnī fi il-mustakbal inšā allah biddi aftaḥ biddī arūḥ il-ʕaṭīl
wi aṣīr adris bukrah murawḥa wi akʔad wi adrus

−yā ʕāmir jīb ilanā sayyārah misl hāzī is-sayyārah. jāb il-ḥakīr mā
waṣalnāš fīhā wi waṣalnā nāblus fīhā mašān arūḥ maʕak nāblus······
bitiwaṣalnā nāblus wi bitrawha.

−yā ʕāmir lēš mā waṣalnaš haḏīk il-marrah bis-sayyārah ṭalaʕt
fīhā wulāh aṭlaʕak fīhā wulāh.

−anā binjiliš il-mustawā bil-jabat rāḥ aṭlaʕ maʕa bitaʕun il-xarā

−이보게 그 말은 잘못된 거야. 사람들이 모두 잘 알고 있어. 그
것은 잘못된 거야.

−좋아.

−나는 네가 이번 일을 맡는가를 볼 거야. 내가 90점을 받지 못하
면 내 손을 잘라 버릴 거야. 우리는 공부할 시간이 없어. 우리
가 열심히 공부하면 더 높은 점수를 받을 수 있을 거야.

−지금까지 난 책 한 번 본적이 없어. 이번 주엔 책 한 번 펼쳐보
지도 못했어. 앞으로 공부해야지.

−나는 아띨에 갈 거야. 가서 공부할 거야. 내일 아띨에 갈 거야.
거기서 공부할 거야.

·········(중 략)·········

－야! 아미르. 이 차와 같은 차를 가져와.

－그가 차를 가져올 건데 아직 가져오지 않았어.

－우리는 그 차로 나블루스에 갔다 올 거야

(1) 음운론의 층위

위의 대화에서는 문어체 아랍어의 특징은 이중모음 / ay / 가 / ɣayr / 에서 이중모음으로 실현되었고, 자음은 / hadīk / 에서 / ḍ / 가 문어체 아랍어의 발음으로 실현되었을 뿐, 전반적으로 구어체 아랍어의 특징이 많이 나타났다. 어두에서의 함자의 발음은 실현되지 않았으며, / q / 는 / akʔad / 와 / bil-ʕakl / 에서는 시골 변이음인 / k / 로 실현되었고, / ḍ / 는 / haza / 에서 / z / 로, / ṯ / 는 / misl / 에서 / s / 로 실현되었다. 또한 구어체 아랍어의 일반적인 현상 중의 하나인 이말라(Imāla) 현상6)이 / tešūf /, / fētiḥ / 등에서 나타났다.

(2) 통사론·형태론의 층위

비격식 상황에서는 어말모음이 거의 나타나지 않았으며 문장도 명사문이 사용되었다. 구어체 아랍어에서 '미래', '소망'을 나타내는 / biddi / 등의 조동사가 격식 상황에 비해 두드러지게 많이 사용되었으며, 미완료 동사에서는 구어체 아랍어의 특징인 접두사 / bi- / 가 사용되었다.

부정의 표현 역시 / miš /, / mā-š /7)로 표현함으로써 구어체 아랍어

---

6) 문어체 아랍어의 / a / 또는 / ā / 가 구어체 아랍어에서 / e / 또는 / ē / 로 발음되는 현상을 말한다. (예) lākin>lēkin '그러나'

7) 구어체 아랍어는 형태와 기능을 단순화하는 경향 때문에 문어체 아랍어의 / lā /, / lam /, / lan / 등의 부정사 대신 / mā /를 선호한다. 또한 부

의 특징을 보여주었으며, 어휘에 있어서는 / al?ān / 만이 문어체 아랍어의 어휘일 뿐, / tešuf /, / kaddiš /, / bijibū /, / leš /, / rāḥ / 등 구어체 아랍어의 어휘가 주로 사용되었다.

비격식 상황의 이 대화에서 문어체 아랍어로의 말씨 바꾸기는 거의 나타나지 않았다. 이는 지식인 계층이라 할지라도 비격식 상황에서 가까운 친구나 동료와의 대화에서는 문어체 아랍어를 거의 사용하지 않는다는 아랍인들의 담화 특징이라 하겠다.

2) 20대 지식인 계층의 담화 분석

비격식 상황에서 20대 지식인 계층의 담화 분석에 사용된 이 자료는 논자와 동행했던 비르제이트대학교 학생이 집에서 친구들과 나눈 대화의 일부분으로써 비격식 상황의 담화의 특성이 두드러지게 나타난다.

(집단 D)

−*iḥna bidna* il-fehim il-maʕūḍūʕ.

−ma huwa walīd *illi biyitirjam* mā ḥadān *kidduwā.*

−heḏīk *ilyōm* xaṭṭah ir-risālah il-murājah.

−il-murājah *keṯīrah?*

정사는 감정의 영향력을 가장 많이 받기 때문에, 일찍부터 인간들은 크기나 가치가 아주 작은 것을 지칭하는 다른 단어를 첨가함으로서 부정의 의미를 강조하려 했다. 구어체 아랍어의 이런 단어가 / š / 다. 따라서 / mē-š / 는 / mā šay?un / 이 이말라현상과 축약을 통해 변형된 형태다.

−ṭabʕan

　　　……중　략……

−madrasah aplāṭūn, šū taʕrif?

−mīn?

−madrasah aplāṭūn māzā tnaẓir?

−qulla plāṭūn kullu il-aṣxāṣ illi bitašūfha fī al-ʕālam xayāllat
　bitabkī taḥalam.

−maʕkūl hazā il-ḥačā

　　　……(중　략)……

−allah akbar! xališ il-maʕlumāt tasṭīr ʕalayk udrus bas xališ tasṭīr
　ʕalayk baʕdayn aplāṭūn qālāha huwa sakrān.

−la, miš maʕkūl.

−heḏa ḏarb aplāṭūn.

−il-ḥakk walīd *illi kallī* hā-maʕlūmah

−ṭayb *iḥna* rāyihin *binadfau.*

　　　……(중　략)……

ḥakaš ʕarabiyah fuṣḥā huwa *bidddi* il-wākiʕ zī mā huwa. yiʕnī
biddak tiʕtebīr ḥēlik kāʔinnaka *bitaḥča* maʕa ahlika.

−우리는 이 문제를 알고 싶다.

−그것을 해석해 줄 사람은 왈리드밖에 없어.

−오늘 왈리드는 학교 과제를 해야 해.

−과제가 많아.

−그럼.

−플라톤학파, 플라톤학파에 대해 네가 아는 것이 무엇이지?

−누구?

−플라톤학파, 플라톤학파에 대한 네 생각은 무엇이냐?

- 플라톤이 말하기를 "이 세상에서 네가 보고 있는 모든 사람들은 네가 꿈꾸는 상상일 뿐이다"라고 말했다.
- 그 말이 타당한 말이야?

······(중　략)······

- 세상에! 이 정보를 너만 알고 감추지 마. 넌 그것을 공부해. 그리고 플라톤이 그런 말을 했을 때 그는 제정신이 아니었어.
- 아냐. 그럴 리가 없어.
- 그것은 플라톤을 모욕하는 말이야.
- 왈리드가 내게 그렇게 말해 줬어.
- 좋아. 왈리드에게 물어보자.
- 표준어로 말하지 마. 그는 사실 그대로를 원해. 네가 너의 가족들과 대화할 때처럼 말해 줘.

(1) 음운론의 층위

위의 대화에서도 구어체 아랍어의 일반적인 발화 형태를 발견할 수 있다.

모음에 있어서는 격식 상황에서는 나타나지 않았던 이말라현상이 / il-fehim /, / heḏīk /, / ketīrah /, / ḫēlik / 등에서 나타나고 있고, 이중모음은 / ilyōm / 에서 장모음으로 발음되었다. 이중모음의 장모음화는 문맹인들 발화의 일반적인 특징으로 간주되지만 비격식 상황에서는 지식인 계층의 발화에서도 나타났다.

자음에 있어서는 / ḏ / > / z / 가 / hazā /, / zī / 에서 실현되었고, / q / 는 / qālaha / 에서는 / q / 의 음가를 보존하기도 했지만 / maʕku: l /, / il-hakk / 등에서는 / k / 로 실현되었다. 또한 / k / 는 / kullu /, / sakrān / 등에서는 / k / 로 실현되었지만 / il-hačā /, / bitahča / 에서는 / č / 로 실현되어 시골 방언의 특징을 보여주었다.

⑵ 통사론·형태론의 충위

통사론적인 측면에서는 어말모음변화는 전혀 나타나지 않았고, 문장의 어순도 명사문이 사용되었다. 형태론에서는 구어체 방언의 미완료 접두사 / bi- / 가 / biyitirjam /, / bitašūfha /, / binadfau /, / bitaḫča / 등에서 사용되었고, 구어체 아랍어의 부정 명령의 / š / 와 / miš / 가 사용되었다. 관계 대명사는 / illi / 가 사용되었으며, 어휘에서도 / šū /, / mīn /, / illi /, / bas /, / miš /, / biddi / 등이 나타났다.

위의 연구를 통해서 팔레스타인 지식인 계층의 격식 상황과 비격식 상황의 발화 형태를 규명할 수 있다. 격식 상황에서는 문어체 아랍어가 주로 사용되고 부분적으로, 특히 음운에서, 구어체 방언의 간섭이 나타났지만, 비격식 상황에서는 이와는 반대로 구어체 방언이 주로 사용되고 음운과 어휘에서 부분적으로 문어체 아랍어의 차용이 나타나는 대조적인 현상을 보였다.

또한 격식 상황에서는 30대 교수들과 20대 대학생들의 대회에서 차이를 발견할 수 있었으나, 비격식 상황에서는 그 차이를 거의 발견할 수 없었다. 이는 비격식 상황에서는 원화자들의 직업, 연령에 관계없이 같은 지역 출신의 화자들의 발화에서는 지역 방언으로 대화가 이루어진다는 것을 의미한다.

이런 현상은 홀스(1995)가 비격식 상황에서는 어떠한 단일 집단에서도 지역 방언의 공통적인 특징으로부터 두드러진 일탈을 보이지는 않는다. 즉, 그들이 나누는 대화가 무엇이든지 간에 음운론, 통사론, 형태론에 있어서는 본질적으로 방언의 특징을 가지고 있다고 하며 비격식 상황에서의 아랍인들의 발화 특징을 밝힌 점과 일치하고 있다. 즉, 서로 안면이 있는 교육을 받은 화자들 간의 비격식 상황에서는 그들이 모두 팔레스타인에서 태어났고 성장했다면 그들의 대화에는 팔레스타인 아랍어의 많은 특징이 나타난다고 할 수 있다.

격식 상황과 비격식 상황에서 말씨 바꾸기는 모두 발생하고 있지만 그 형태는 구분되어야 한다고 생각한다. 격식 상황에서는 화자들이 의도적으로 문어체 아랍어를 사용하지만, 대화 도중 말씨 바꾸기의 동기가 제공되지 않은 상황에서 무의식적으로 구어체 아랍어의 특징이 나타나는 것은 말씨 바꾸기보다는 화자의 모어의 간섭으로 간주해야 한다고 생각한다.

집단 A의 발화에서 문어체 아랍어로 발화하던 응답자가 갑자기 / q / 를 / g / 로 발음한다거나 / biddi /, / miš / 등의 구어체 아랍어로 전환하는 것은 인터뷰 도중에 다른 사람이 참견하였다거나, 대화의 주제가 바뀐다거나 등의 말씨 바꾸기의 동기가 없었다는 점에 비추어 볼 때 말씨 바꾸기로 간주하기는 곤란하다고 생각한다. 따라서 말씨 바꾸기가 화자의 의도적인 발화 전략인 것은 분명하지만 간섭에 의한 말씨 바꾸기도 발생할 수 있다고 생각한다.

비격식 상황에서는 특히 어휘 부문에서 문어체 아랍어로의 말씨 바꾸기가 발생하였는데 이는 응답자들의 교육 수준이 반영되었다고 생각한다. 따라서 문맹자나 교육 수준이 낮은 사람들의 비격식 상황의 담화에서는 말씨 바꾸기의 빈도가 상대적으로 낮다고 추정할 수 있겠다.

3. 말씨 바꾸기에 대한 인식조사

본 절에서는 설문조사를 통해서 말씨 바꾸기에 대한 이 지역 아랍어 원화자들의 인식을 조사하였다. 말씨 바꾸기에 대한 원화자들의 인식은 팔레스타인 아랍어의 상황과 말씨 바꾸기의 방향을 예측할 수 있는 단서를 제공할 것이라고 생각한다.

질문 1) 화자들은 주제와 상황(격식 / 비격식), 화자와의 관계에 따라 말씨 바꾸기를 사용한다. 동의하는가?

	남	여
동의한다	89.2%	72%
동의하지 않는다	7.2%	21%
무응답	3.6%	9%

질문 2) 당신은 대화 시에 문어체와 구어체 또는 그 반대의 말씨 바꾸기를 느끼는가?

	남	여
예	86.5%	70%
아니오	13.5%	30%

질문 3) (2) 의 질문에서 (예)일 경우 당신의 느낌은?

	남	여
자연스럽다	64.6%	57.9%
자연스럽지 않다	29.2%	24.6%
무응답	6.2%	17.5%

질문 1)의 주제와 상황에 따른 말씨 바꾸기에 대한 원화자들의 일반적인 인식 여부에 대한 질문에서 남성들이 여성에 비해 말씨 바꾸

기에 대해 높은 인지도를 지니고 있는 것으로 나타났다. 이는 격식적인 상황에서는 문어체 아랍어를, 비격식적인 상황에서는 구어체 방언을 주로 사용하는 아랍 사회의 언어 상황과, 또한 교육의 기회가 여성들에 비해 남성들에게 보다 많이 주어진다는 아랍 사회의 특수성과 관련이 있다. 즉, 아랍 사회에서 문어체 아랍어는 정식 교육 과정(학교 등)을 통해서 배울 수 있고, 최근까지 이 지역을 포함한 아랍 여성들에게 교육의 기회가 충분히 주어지지 않았다는 사실을 고려할 때, 여성들에 비해 교육을 많이 받은 남성들이 문어체 아랍어와 구어체 방언 간의 말씨 바꾸기에 대한 인지도가 높음을 의미한다.

특히 여성 응답자의 21%가 말씨 바꾸기에 동의하지 않는다는 응답은 여성 화자들이 주제나 상황과 무관하게 한 가지 변종(구어체 방언)만을 사용한다는 의미다. 이는 여성 응답자들의 교육 수준이 높음에도 불구하고 여성들의 구어체 아랍어 사용 빈도가 높음을 의미하며, 여성들이 격식을 갖추어야 하는 상황에 참석할 기회가 그리 많지 않다는 사회적 폐쇄성과 관련이 있는 것 같다.

질문 1)에서의 성(性)에 따른 말씨 바꾸기의 인지 여부는 응답자 개인의 말씨 바꾸기의 사용 빈도에 있어서도 그대로 반영되어, 질문 2)에서 보는 것처럼, 응답자 개인의 실제 발화에서도 남성들이 여성보다 말씨 바꾸기를 빈번하게 일으킨다는 것을 알 수 있다. 이는 응답자 개개인이 타인들의 발화에서 말씨 바꾸기 현상을 감지할 뿐만 아니라, 본인 스스로의 발화에서도 말씨 바꾸기 현상이 일반적인 발화 습관임을 인정하는 것이라고 볼 수 있다. 따라서 말씨 바꾸기 현상은 이 지역 화자들의 공통적인 발화 습관이라 할 수 있다.

질문 3)에서 말씨 바꾸기를 할 때의 느낌에 대한 질문에서 남성들이 여성들보다 자연스러움을 느끼는 이유는 그 사용 빈도와 관련이 있는 것 같다. 즉, 질문 1)과 질문 2)에서 나타난 것처럼 남성들이 여성들보다 말씨 바꾸기를 자주 사용함으로써 말씨 바꾸기에 그만큼 더 익숙해져 있다는 증거라고 생각한다.

그러나 응답자 본인들이 말씨 바꾸기를 인식하고는 있지만, 남성과 여성 모두에게 말씨 바꾸기가 자연스럽지 못하다(남성(29.2%)와 여성(24.6%))은 비율이 비교적 높은 이유는 교육을 통해 2차적으로 습득하게 되는 문어체 아랍어가 남녀 모두에게 여전히 부담스럽고 어려운 변종임을 입증해 준다. 즉, 격식을 갖추어야 하는 상황에서 문어체 아랍어로 전환하기는 하지만, 이 변종이 평소 일상생활에서 사용하는 자연스러운 변종이 아니기 때문에 최고의 교육을 받고 있는 아랍인 원화자들에게 조차도 다소 부자연스럽고 어렵다는 점을 반영해 준다.

VI
결　론

20세기 말 현재 지구상에서 사용되고 있는 언어의 수는 3,000 ~ 5,000여 종에 달한다. 이를 공동체 내에서 사용되고 있는 언어 수에 따라 분류해 보면 한국, 일본 등과 같은 단일 언어사회, 벨기에, 모로코 등의 이중 언어사회와 중국, 인도 등의 다중언어사회로 분류할 수 있다.

이들 중 대부분의 언어 공동체는 이중 언어사회나 다중언어사회로써, 이 사회에서 말씨 바꾸기 현상은 자연스럽고 당연한 언어 현상으로 간주되고 있으며, 한국과 같은 단일 언어사회 내에서도 문체 전환 형식의 말씨 바꾸기가 빈번하게 일어나는 것을 볼 수 있다. 서울에서 개업한 시골 출신의 의사가 동료 의사들과의 대화에서는 효과적인 의사소통을 위해 의학 전문 용어와 표준어를 사용하지만, 고향 친구와의 대화에서는 보다 세밀하고 정확한 표현과 공동체 의식, 상호 간의 친밀감과 결속 등을 위해 고향 방언으로 전환하는 경우를 그 예로 들 수 있다.

따라서 단일 언어사회에서의 말씨 바꾸기는 특이한 현상이 아니라 이중 또는 다중언어사회에 비해 제대로 인식되고 있지 못할 뿐이다.

아랍어의 경우 말씨 바꾸기 현상은 아랍어 자체의 복잡한 양층언어현상과 20세기 중반 이후 급속하게 증가된 외래어의 사용으로 인해 과거보다 더욱 빈번하고 다양한 형태로 나타나고 있다.

현재 아랍인들의 발화에서 나타나고 있는 말씨 바꾸기 현상은 사용되는 변종에 따라 아래의 3가지 형태로 구분할 수 있을 것이다.

첫째는 서양 문명의 급속한 유입으로 인해 아랍인들이 외래어를 익히게 됨에 따라 나타나는 아랍어와 외래어 간의 말씨 바꾸기이며, 둘째는 여성을 포함한 아랍인들의 교육 수준이 높아짐에 따라 과거에는 이 맘과 같은 소수의 종교 지도자나 상류 계층의 사람들만이 배울 수 있다고 여겼었던 문어체 아랍어를 일반 대중들도 습득하게 됨에 따라 나타나는 문어체 아랍어와 구어체 아랍어 간의 말씨 바꾸기, 셋째는 전통적으로 도시 / 시골 / 베드윈 사회로 3분되어 있던 아랍 사회가 교통과 통신의 발달 등으로 인해 긴밀히 상호 접촉하게 됨에 따라 각 지역 방언들이 접촉하여 발생한 방언 바꾸기 형식의 말씨 바꾸기 현상으로 구분할 수 있다.

상술한 아랍인들의 발화에서 나타나는 말씨 바꾸기 현상은 각 개별 화자의 성장 배경, 언어 능력, 교육 수준, 대화의 상황 등 여러 가지 요인들에 의해 결정되며, 위의 세 가지 형태가 구분되어 나타나기도 하지만 복합적으로 동시에 나타나기도 한다.

본 고에서는 위에서 언급한 말씨 바꾸기의 세 가지 형태 중 고등 교육을 받은 아랍인들의 발화에서 볼 수 있는 가장 전형적인 형태의 말씨 바꾸기인 문어체 아랍어와 구어체아랍 간의 말씨 바꾸기 현상을 중심으로 논하였고, 구어체 방언의 각 지역 변종인 도시 / 시골 / 베드윈 방언의 언어적 특징과 사회언어학적 배경을 설명하였다.

이를 위해 본 고에서는 팔레스타인의 라말라에 거주하는 아랍 지식인 계층을 대상으로 말씨 바꾸기 현상에 대한 인식을 설문조사를 통해 조사하였고, 실제 발화 형태를 분석하였다. 이는 격식과 비격식 상황에서 원화자들이 선택하는 변종과 담화에서 나타나는 특징을 알아보기 위한 것이었다.

설문조사를 통해서 팔레스타인 원화자들은 격식과 비격식 상황에서 문어체 아랍어와 구어체 아랍어 간의 말씨 바꾸기를 일반적인 현상으로 인식하고 있음을 알 수 있었다. 또한, 도시와 시골, 베드윈 사회의 구분이 점차 사라지고 있는 현대 아랍 사회의 경향에도 불구하고 팔레스타인인인들은 팔레스타인 아랍어를 여전히 도시 / 시골 / 베드윈 방언으로 구분하고 있음을 알 수 있었다.

특히 조사 지역에서 가장 널리 보급되어 있는 구어체 변종은 시골 방언이라고 응답함으로써 다른 지역의 연구와 대조되는 결과를 보여주었다. 즉, 시골과 베드윈 사회에 비해 도시가 지니고 있는 경제, 교육, 문화적인 면의 우월성으로 인해, 언어에서도 도시 방언을 다른 지역 방언에 대한 우위의 변종으로 인식하리라는 가정을 하였지만, 이 가정은 본 연구의 조사 지역이었던 라말라에서는 지켜지지 않았다.

라말라에서는 암만과 같은 다른 도시와는 달리 시골 방언이 도시 방언보다 더 많이 보급되어 있다는 응답을 통해 도시 방언이 시골 방언에 비해 우위의 변종이라는 견해는 지역에 따라 다르게 적용될 수도 있다는 점을 알 수 있었다. 즉, 도시 방언의 우월성은 경제와 문화, 교육의 중심지로서의 역할을 수행하는 도시의 능력에 따라 결정된다는 점을 보여주었다.

아랍어의 상황에 대한 질문에 대해서는 조심스러운 응답을 하여 아랍어의 미래를 예측하기가 어려우며 외래어 사용의 확대가 미래의 아랍어의 상황을 결정짓는 주요한 변인임을 밝혀 주었다.

특히 이 설문조사에서는 동일한 질문에 대하여 성(性)에 따른 차이를 보여주었으며, 이 차이는 팔레스타인 사회의 보수적인 성격을 잘 보여주었다. 서양에서는 일반적으로 여성이 남성보다 표준어를 선호하는 경향이 있지만 아랍 사회에서는 그 반대의 결과가 나타났다. 이 차이는 여성의 사회적 역할과 관련이 있다 하겠다. 서양의 여성들은 보다 적극적인 사회활동을 하며 자신의 사회적 위치를 표현하기 위해 언어나 상징적인 표현을 사용하지만, 이에 비해 아랍의 여성들은 교육 수준과 무관하게 주로 가정 내에서 생활하며 외부와의 접촉은 남성들에 의해 주로 이루어진다는 사회 구조상의 특성과 관련이 있다 하겠다.

녹취 분석에서는 문어체 아랍어를 사용할 것으로 기대되는 격식 상황에서의 지식인 계층인 응답자들의 대화를 녹취한 결과, 이들의 발화에서도 구어체 방언으로의 말씨 바꾸기가 나타났다. 그러나 이 때의 말씨 바꾸기는 화자의 의도적인 발화 전략이라기보다는, 구어체 방언의 간섭으로 간주해야 한다고 생각한다. 화자가 말씨 바꾸기를 수행할 아무런 동기가 제공되지 않은 상황에서의 말씨 바꾸기는 비격식 상황의 언어 습관으로 간주해야 할 것이다.

따라서 지식인 계층의 발화에서도 순수한 문어체 아랍어로만 대화가 이루어지는 경우는 거의 없거나 극히 예외적인 경우로서 존재한다는 것을 알 수 있었다.

또한, 녹음 사실을 밝히지 않고 비격식 상황에서 행한 대화에서는 지식인들도 비격식 상황에서는 구어체 아랍어를 주로 사용하고 문어체 아랍어가 부분적으로 나타나는 현상을 보였다. 특히, 구어체 아랍어를 사용할 때는 응답자들의 출신 지역을 암시해 주는 지역 변이음의 특징이 나타났다.

이러한 점들은 아랍 지식인들이 구어체 아랍어를 즐겨 사용함에도 불구하고 이를 부정하는 아랍인들의 언어사용에 대한 이중성을 보여 주었다.

말씨 바꾸기 현상을 통한 팔레스타인 아랍인들의 빌화 형태에 대한 본 연구에서는 많은 아랍의 지식인들은 문어체 아랍어와 구어체 아랍어의 능숙한 말씨 바꿈자임을 알 수 있었다. 이들은 비격식 상황에서는 구어체 아랍어를 일반적으로 사용하지만, 격식 상황에서는 문어체 아랍어를 사용함으로써 문어체 아랍어가 격식 상황의 사용역으로 사용될 수 있음을 보여주었다.

라이딩(K.C.Ryding, 1991)은 기능적으로 원화자의 언어 숙달을 획득하려면 외국어로서의 아랍어 학습자는 교육받은 아랍인들이 사용하는 적어도 세 가지 아랍어 변종, 즉 현대 표준 아랍어, 격식구어체 아랍어(formal spoken Arabic)와 지역 방언을 숙달해야 한다고 언급했다. 이는 외국인으로서 능숙한 아랍어 화자가 되기 위해서, 학습자는 각 지역 방언의 서로 다른 어휘, 통사론 및 형태론적 규칙과 음운 규칙을 습득해야 하며 주어진 상황에 적합한 변종을 선택하는 능력은 물론 말씨 바꾸기의 절차도 익혀야 한다는 것을 의미한다.

이러한 점을 감안할 때, 한국에서의 아랍어 교육도 문어체 아랍어 교육에 치중하기보다는 구어체 아랍어 교육에 보다 많은 관심을 가져야 할 것이고, 양 변종의 말씨 바꾸기 현상에 대한 이해와 교육도 함께 이루어져야 할 것이다.

본 고에서는 팔레스타인 지식인 계층에서 발견되는 구어체 아랍어의 말씨 바꾸기 현상을 주로 다루었으나, 말씨 바꾸기 현상은 교육 수준과 연령, 성별 등에 따라 다양한 형태로 발생할 수 있기 때문에, 이 연구만으로 팔레스타인의 언어 상황을 완전히 규명하기는 미흡하다. 따라서 상술한 여러 요인들을 고려한 팔레스타인 아랍어의 말씨 바꾸기 현상에 대한 연구는 계속되어야 할 것이다.

또한 팔레스타인뿐만 아니라, 다른 아랍 지역의 말씨 바꾸기 현상을 통한 아랍인들의 발화 형태에 관한 연구는 아랍어 공동체의 언어 상황을 이해하는 데 유용하다고 생각하며, 이러한 연구들을 통해 전체 아랍 사회의 언어 상황을 조망할 수 있기를 기대한다.

참고문헌

〈한국 문헌〉

공일주(a), "꾸란 정음학에 대한 고찰", 한국이슬람학회논총, 제2호, (1992)

공일주(b), "ACTFL 아랍어 숙달 지침과 아랍어 말하기 교육", 한국중동
　　　　학회논총 제14호, (1993)

공일주(c), "이스라엘의 이랍어 교육 현황", 중동연구, 제16권 제1호, (1997)

김정위, 이슬람 문화사, (서울: 문학예술사, 1981)

변광수(편), 세계 주요 언어, (서울: 한국외국어대학교 외국학종합연구센
　　　　터, 세계 언어·문학 총서 I, 1993)

사희만, 정규영, 초급 아랍어문법강독 (광주: 서석출판사, 1998)

송경숙, 이종택, 표준아랍어문법, (서울: 송산출판사, 1985)

오명근(a), "아랍어와 방언의 기원설과 발음 및 어휘에 관한 고찰" 한국
　　　　중동학회 논총 제4호, (1983)

오명근(b), 아랍어 표준어와 방언에 관한 고찰, 언어와 언어학, 제16집,
　　　　(1990)

오명근(c), "개별 언어 측면에서 본 아랍어에 관한 소고", 한국이슬람학
　　　　회논총, 제2호, (1992)

오명근(d), "아랍어의 양층언어현상에 관한 연구", 한국외국어대학교 박
　　　　사학위논문, (1993)

오명근(e), 아랍어 구문어체 비교론, (서울: 한국외국어대학교 출판부, 1996)

오명근(f), "이집트 구어체 아랍어 문장 구조에 관한 연구", 외국어교육 연구소논집 제14호, (1999)

오원교, 언어학 안내, (서울: 신아사, 1992)

윤용수(a), "아랍어의 문제점과 개선안에 관한 연구", 한국외국어대학교 석사학위논문, (1993)

윤용수(b), "아랍어의 말씨 바꾸기에 관한 연구", 한국중동학회논총 제18호, (1997)

이규철(a), "모로코 아랍어의 음운 연구" 부산외대 어문논집, 제2집, (1987)

이규철(b), "아랍어의 음운 변화 연구" 말소리, 제11~14호, (1987)

이규철(c), "아랍어의 문어체와 구어체의 음운론적 연구", 서울대학교박사학위논문, (1991)

이두선, 이규철, 종합 아랍어, (서울: 송산출판사, 1993)

이상규, 방언학, (서울: 학연사, 1996)

이익섭, 사회언어학, (서울: 민음사, 1994)

이정민, 배영남 공저, 언어학사전, (서울: 박영사, 1982)

이정복, "국어 경어법의 말 단계 변동 현상", 사회언어학 제4권 1호, (1996)

이혜란(공역), 2개언어상용과 그 이론, (서울: 한국문화사, 1995)

장석진, 현대언어학, (서울: 한신문화사, 1997)

조명원, 언어 학습성 I, (서울: 한국문화사, 1998)

〈외국 문헌〉

Abbassi, A., *A Sociolinguistic Analysis of Multilingualism in Moroc*, (Austin:

The University of Texas, 1977)

Abdelrahman, Mohsen Abou Seida, "Diglossia in Egyptian Arabic: Prolegomena to a pan Arabic Socio-Linguistic Study", Ph.D. Dissertation, The University of Texas, (1971)

Abdelali, Bentahila & Eirlys, E.Davies, "The Syntax of Arabic-French Code Switching", *Lingua* Vol.59, (1983)

Abdel, Jawad Hassan R., "Lexical and Phonological Variation in Spoken Arabic in Amman", Ph.D. Dissertation, University of Pennsylvania, (1981)

ʕAbduh, al-Rājiḥī, *al-Lahjāt al-ʕArabiyat fī al-Qirāʔāt al-Qurāniyyat*, (al-ʔ Iskandariyāh: Dār al-Maʕārif al-Jāmiʕīyah, 1996)

AlToma, Salih, *The Problem of Diglossia in Arabic: A Comparative Study of Classical Arabic and Iraqi Arabic*, (Cambridge Mass: Harvard University Press, 1969)

Al-Xawalī, Muḥammad ʕAlī ʕAbdu al-Karīm, *al-Ḥayāt ma ʕa Lu yataīni (aṭ-Ṭunā ʕiyat al-Lu yawiyat)*, (ar-Riyāḍ: Jāmiʕat al-Malik Suʕūd, 1987)

Auer, J.C.P, "On the Meaning of Conversational Code Switching", J.C.Auer & A.D. Luzio(eds.), *Interpretative Sociolinguistic: Migrants-Children-Migrant's Children*, (1984)

Awwad, Mohammed Amin, "Free and Bound Pronouns as Verbs in Rural Palestinian Colloquial Arabic", *Journal of Arabic Linguistics*, (1987)

Bakalla, M.H., *Arabic Culture Through Its Language and Literature*, (London, Boston, Melbourne and Henley: Kegan Paul International, 1984)

Badawi, Said Muḥammad, *Mustawāyāt al-ʕArabiyyati al-Muʕāṣira fī Miṣr*, (Miṣr: al-Qāhirah, Dār al-Maʔārif, 1973)

Bader, Y., "Code-Switching to English in Daily Conversations in Jordan:

Factors and Attitudes", *ʔAbḥāṯ al-Yarmūk*, (1994)

Bateson, Mary, *Arabic Language Handbook*, (Washington D.C.: Center for Applied Linguistics, 1967)

Becker, V., "A Transfer Grammar of the Verb Structure of Modern Standard Arabic and Lebanese Colloquial Arabic", Ph.D. Dissertation, Yale University, (1964)

Benrabah, Mohamed, "Attitudinal Reactions to Language Choice in Urban Setting", Yasir Suleiman(ed.), *Arabic Sociolinguistics Issue & Perspectives*, (1994)

Bernard, Spolsky, "The Situation of Arabic in Israel", Yasir Suleiman(ed.), *Arabic Sociolinguistics Issue & Perspectives, (1994)*

Blanc, Haim, "Style Variation in Spoken Arabic: A Sample of Interdialectal Educated Conversation", C.Ferguson(ed.), *Contribution to Arabic Linguistics, (1960)*

Blom, J.p.& Gumperz J.J., "Social Meanings in Linguistic Structure: Code Switching in Norway", John J. Gumperz and Dell Hymes(eds.), *Directions in Sociolinguistics* (1972)

Breitborde, L.B., "Levels of Analysis in Sociolinguistic Explanation: Bilingual Code Switching, Social Relation and Domain Theory", *International Journal of Society Language*, vol.39, (1983)

Cadora, Frederick(a), "Contrastive Compatibility in Some Arabic Dialects and their Classification", *Anthropological Linguistics* vol.18, (1976)

Cadora, Frederick(b), "Some Linguistic Concomitants of Contactual Factors of Urbanization" *Anthropological Linguistics*, vol.12, (1970)

Cadora, Frederick(c), *Interdialectal Lexical Compatibility in Arabic-An Analytical Study of the Lexical Relationships among the Major Syro-Lebanese Varieties*, (Leiden: E.J.Brill, 1979)

Cornejo, R., "The Acquisition of Lexicon in the Speech of Bilingual Children", P.Turner(ed.), *Bilingualism in the Southwest, (1982)*

Carol, Myers & C.M.Scotton, *Social Motivations for Code Switching: Evidence from Africa*, (Oxford: Clarendon Press, 1993)

Chejne, Anwar, *The Arabic Language Its Role in History*, (Minneapolis: The University of Minnesota Press, 1969)

Clive, Holes(a), *Modern Arabic-Structure, Functions and Varieties*, (New York: Longman Publishing, 1995)

Clive, Holes(b), "The Arabic Dialects of South Eastern Arabia in a Socio-Historical Perspective", *Zeitschrift für Arabische Linguistik,* Vol.31, (1996)

Coupland, Nikolas, "Hark Hark the Lark: Social Motivations for Phonological Style-Shifting", *Language and Communication* vol.5, (1985)

El-Hassan, Shaher, "Educated Spoken Arabic in Egypt and The Levant: A Critical Review of Diglossia and Related Concept", *Archivum Linguisticum*, vol.8, (1977)

Enam, Essa al-Wer, "Phonological Variation in The Speech of Women from Three Urban Areas in Jordan", Ph.D. Dissertation, University of Essex, (1991)

Farida, Abu Haidar, "Arabic with English: Borrowing and Code Switching in Iraqi Arabic", *ʔAbḥāṯ al-Yarmūk*, (1988)

Fasold, R.W(a), *The Sociolinguistic of Language*, (Oxford: Blackwell, 1990)

Fasold, R.W(b),*The Sociolinguistics of Society*, (Oxford: Blackwell. 1992)

Ferguson, C.A(a)., "Diglossia", *Word* Vol.15, (1959)

Ferguson, C.A(b), "The Arabic Koine" *Language* vol.35, (1959)

Ferguson, C.A(c), "Myths About Arabic", Joshua Fishman(ed.), *Reading in The Sociology of Language, (1968)*

Fischer, J.L., "Social Influence in the Choice of a Linguistic Variants", *Word* vol.14, (1958)

Grosjean, François, *Life with Two Languages: An Introduction to*

Bilingualism, (Cambridge: Harvard University Press, 1982)

Gumperz, J.J(a)., "Verbal Strategies in Multilingual Communication", James E.Atlas(ed.), *Monograph Series on Language and Linguistics: Bilingualism and Language Contact*, (1970)

Gumperz, J.J(b), "The Sociolinguistic Significance of Conversational Code Switching", J. Cook Gumpera & J.J. Gumperz(eds.), *Papers on Language and Context*, (1976)

Halloun, M., *Table for Paradigms, The Complete Verbal System of Conjugation in the Spoken Arabic of Jerusalem and Gallee*, (Bethlehem: Bethlehem University, 1988)

Hary, Benjamin H., *Multiglossia in Judeo-Arabic*, (Leiden, New York, Köln: E.J.Brill, 1992)

Helliel, Mohammed H., "Diglossia Revisted", *Al-Lisan Al-Arabi*, vol.31, (1988)

Ḥigāzī, Maḥmūd, *al-Luɣat al-ʕArabiyat ʕAbr al-Qurūn*, (Al-Qāhirah: Dār al-Kātib al-ʕArabī Lil-ṭibāʕah wa ʔan-Našr, 1968)

Hoffmann, C., *An Introduction to Bilingualism*, (London and New York: Longman, 1991)

Hussein, Riad Fayez Issa(a), "The Case for Triglossia in Arabic with Special Emphasis on Jordan", Ph.D. Disseratation, University of New York, (1980)

Hussein, Riad Fayez Issa(b), "Subjective Reactions Toward Different Varieties of Arabic", *Arab Journal of Language Studies*, vol.5, no.1, (1986)

Ibn, Xaldun, *"al-Muqqadimah"*, (Beirut: Maktabat al-Madrasa wa Dār al-Kitābi al-Lubnanīyat li-Ṭibāʕah wa an-Našr, 1961)

Ibrahim, Muhammad H., "Standard and Prestige Language: A Problem in Arabic Sociolinguistics", *Anthropological Linguistics*, Vol.28. No.1, (1986)

Jacobson, R., "The Social Implication of Intra-Sentential Code Switching, Spanish in The United States", J. Amastae & Elias-Olivares(eds.), (Cambridge: Cambridge University Press, 1982)

Jeffery, Heath, *From Code-Switching to Borrowing: Foreign and Diglossic Mixing in Moroccan Arabic*, (London & New York: Kegan Paul International, 1989)

Jenny, Cheshire & Penelope Gardner-Chloros, "Code-Switching and the Sociolinguistic Gender Pattern", *International. Journal of Society Language*, (1998)

Johnstone, T.M., *Eastern Arabian Dialect Studies*, (London: Oxford University Press, 1967)

Jonas, N.A.Nartey, "Code Switching or Faddism? Language use among educated Ghanians", *Anthropological Linguistics*, vol.24, no.2, (1982)

Kachru, B.B., "Code Switching as a Communicative Strategy in India", M.Saville Troike(eds.), *Linguistics and Anthropology Round Table on Language and Linguistics*, (1977)

Kaplan, Charles D. et al, "Argots as a Code Switching Process: A Case Study of the Sociolinguistic Aspects of Drugsubcultures", Rodolfo Jacobson(ed.), (1990)

Kašāš, Muḥammad, "Luɣatunā al-ʕĀmmīyyah (aš-Šaʕbiyyah) Ḥaqīqatuhā wa Taṭawwaruhā", Jūrif Bāsīl(ed.), *Al-Ḥadāṯah*, vol.27, (1995)

Kaye, Alan, "Remarks on Diglossia in Arabic: Well-Defined vs. Ill-Defined", *Linguistics* vol.81, (1972)

Labov, W., *"The Social Stratification of English in New York City"*, (Washington D.C.: Center for Applied Linguistics, 1966)

Lewis, Bernard, *The Arab in History*, (London: Hutchinson University Library, 1958)

Martin, Hinds & El-Said Badawi, *A Dictionary of Egyptian Arabic*,

(Beirut: Librairie du Liban, 1986)

Meiseles, Gustav, "Educated spoken Arabic and the Arabic Language Continuum", *Archivum Linguisticum* vol.11, (1980)

McClure, E., "Aspects of Code Switching in the Discourse of Bilingual Mexican-American Children Technical Report No 44", (1977)

Mitchell, T.F., "What is educated spoken Arabic", *International Journal of Sociology of Language*, vol.61, (1986)

Monica, Heller(ed.) *Code Switching, Anthropological and Sociolinguistic Pespectives*, (Berlin: Mouton de Gruyter, 1988)

Murtada, Bakir(a), "Sex Differences in The Approximation to Standard Arabic: A Case Study", *Anthropological Linguistics*, vol.28. No.1., (1986)

Murtada, Bakir(b), "Sex Differentiation Patterns", *Arab Journal of Language Studies*, Vol.5, No.1, (1986)

Oksaar, E., "On Code Switching: An Anlysis of Bilingual Norms", J.Quistgaard, H.Schwarz & Spang-Hansen.H.(eds.), *Applied Linguistics: Problem and Solution*, Proceeding of the Third AILA Congress, vol.3, (1974)

Pfaff, C.W., "Constraints on Language Mixing: Intrasentential Code Switching and Borrowing in Spanish-English", *Language* vol.55 no.2, (1979)

Poplack, Shana, Poplack.S.(a), "Sometimes I'll Start a Sentence in English y termino en español: Towards A Typology of Code Switching", *Linguistics* vol.18, (1980)

Poplack, Shana, Poplack.S.(v), "Syntactic Structure and Social Function of Code Switching", R.Duran(ed.), *Latino Discourse and Communication Behavior*, (1981)

Pride, J.B., "A Transactional View of Speech Functions and Code Switching", W.Mc Cormacj & S. Wurm(eds.) *Language and*

Society, (1979)

Rabin, Chaim, *Ancient West Arabic*, (London: London Taylor's Foreign Studies, 1951)

Richards, J.C. & J.Platt, H.Platt, *Longman Dictionary of Language Teaching & Applied Linguistics*, (New York: Longman, 1992)

Robertson, Alice Marian, "Classical Arabic and Colloquial Cairene: An Historical Linguistic Analysis", Ph.D. Disseratation, University of Utah, (1971)

Ryding, K.C., "Proficiency despite Diglossia: A New Approach for Arabic", *The Modern Language Journal*, (1991)

Salib Maurice, "Spoken Literary Arabic: Oral Approximation of Literary Arabic in Egyptian Formal Discourse", Ph.D. Dissertation, The University of California, (1979)

Sankoff, G., A Quantitative Paradigm for the Study of Communicative Competence, Bauman & Sherzer, (1974)

Sawaie, Mohammed, "A Sociolinguistic Study of Classical and Colloquial Arabic Varieties: A Preliminary Investigation into Some Arabic Speakers' Attitudes", *Al-Lisan Al-Arabi*, vol.26, (1986)

Scotton, C.M., "The Possibility of Code Switching: Motivation for Maintaining Multilingualisn", *Anthropologist Linguistics*, vol.24, No.14., (1982)

Selim, G.D., "Some Contrasts Between Classical Arabic and Egyptian Arabic", S.Don Graham(ed.), *Linguistic Studies in Memory of Richard Slade Harrell*, (1967)

Shorrab, G.A., "Models of Socially Significant Linguistic Variation: The Case of Palestinian Arabic", Ph.D. Dissertation, State University of New York, (1981)

Suleiman, S.M.K., "Linguistic Interference and It's Impact on Arabic-English Bilingualism", Ph.D. Dissertation, University of

New York, (1981)

Trudgill, P.(a), *Sociolinguistics: An Introduction*, (New York: Penguin Books, 1974)

Trudgill, P.(b), *The Social Differentiation of English in Norwich*, (London: Cambridge University Press, 1974)

Versteegh, Kees(a), "Linguistic Attitudes and The Origin on Speech in The Arab World", Alaa Elgibali(ed.), *Understanding Arabic: Essays in Contemporary Arabic Linguistics*, (1996)

Versteegh, Kees(b), *The Arabic Language*, (Edinburgh: Edinburgh University Press, 1997)

Wehr, Hans, *A Dictionary of Modern Standard Wriitten Arabic*, (New York: Spoken Language Services, Inc, 1976)

Weinreich, U., *Languages in Contact*, (The Hauge: Mouton, 1968)

Wilbur, Schmidt Richard, "Sociostylistic Variation in Spoken Egyptian Arabic: A Re-examination of the Concept of Diglossia", Ph.D. Dissertation, Brown University, (1974)

Wolfman, W., *A Sociolinguistic Description of Detroit Negro Speech*, (Washington D.C.: Center for Applied Linguistics, 1969)

Wright, W., *A Grammar of the Arabic Language*, (London: Cambridge University Press, 1971)

Yasir, Suleiman, "The Language Situation in Jordan and Code Switching: A New Interpretation", R.B. Sferjeant, R.L. Bidwell & G.Rex Smith (ed.), *New Arabian Studies I*, (1993)

Zakarīyā, Saʿīd Naffusā, *Taʾrīx al-Daʿwa ila al-ʿĀmmiyya wa ʿĀṯāruha fī Miṣr*, (Miṣr: Dār al-Maʿārif, 1964)

〈인터넷 자료〉

http://www.birzeit.edu / birzeit.
http://www.birzeit.edu / ramallah.
http://www.sofnet.co.il / kul-alarab / k260698 / k2.htm.

설문조사 결과

- 대 상: 여 자(82명)
- 장 소: 비르제이트 대학교
- 일 시: 1997. 5. 19 ~ 1997. 5. 26

〈문 항〉

1. 화자들은 주제와 상황(공식 / 비공식), 화자와의 관계에 따라
   말씨 바꾸기를 사용한다.
   동의하는가?
   * 동의한다   −59명(72%)
   * 동의하지 않는다   −17명(21%)
   * 모르겠다   − 6명(7%)

2. 당신은 대화시에 문어체와 구어체 또는 그 반대의 말씨 바꾸
   기를 느끼는가?
   * 예   −57명(70%)

    * 아니오   -25명(30%)

3. (2)의 질문에서 (예)일 경우 당신의 느낌은?
    * 자연스럽다   -33명(57.9%)
    * 자연스럽지 않다   -14명(24.6%)
    * 아무 느낌이 없다   -10명(17.5%)

4. 팔레스타인에는 도시·시골·베드윈 방언 간의 차이가 있다.
   동의하는가?
    * 동의한다   -80명(97.6%)
    * 동의하지 않는다   -2명(2.4%)
    * 모르겠다   -0명(0 %)

5. 도시·시골·베드윈 방언 중에서 어느 방언이 가장 많이 보급
   되어 있는가?
    * 도시 방언   -24명(29.3%)
    * 시골 방언   -58명(70.7%)
    * 베드윈 방언   -0명

6. 팔레스타인에서 문어체와 구어체의 차이는 수십 년 후에 더
   커질 것이다.
   동의하는가?
    * 동의한   -23명 (28.1%)
    * 동의하지 않는다   -20명 (24.4%)
    * 모르겠다   -39명 (47.5%)

7. (6)의 질문에서 (동의한다) 또는 (동의하지 않는다)일 경우 그
   이유를 쓰시오.
   <동의한다(확대될 것이다)>
   * 외래어 사용의 증가   -7명
   * 구어체 사용의 증가   -14명
   * 기 타   -1명

   <동의하지 않는다(축소될 것이다)>
   * 교육 수준의 상승과 문어체 아랍어의 보존의 필요성   -9명
   * 언어적 유사함   -4명
   * 언어 상황의 불변   -2명
   * 기 타   -3명

   <무응답   -43명>

8. 문어체와 구어체 중 한 가지 변이형을 선택한다면 어느 형태
   를 선택하겠는가?
   * 구어체   -45명 (54.9%)
   * 문어체   -37명 (45.1%)

9. 문어체·구어체와 사회적 지위는 관련이 있는가?
   * 있 다   -52명 (63.4%)
   * 없 다   -30명 (36.6%)

10. 부모의 교육 수준과 아이들의 언어는 관계가 있는가?
   * 있 다   -78명 (95.1%)
   * 없 다   -4명 (4.9%)

설문조사 결과

> ● 대 상: 남 자(111명)
> ● 장 소: 비르제이트 대학교
> ● 일 시: 1997. 5. 19 ~ 1997. 5. 26

〈문 항〉

1. 화자들은 주제와 상황(공식 / 비공식), 화자와의 관계에 따라 말씨 바꾸기를 사용한다. 동의하는가?

   * 동의한다   −99명 (89.2%)

   * 동의하지 않는다   −8명 (7.2%)

   * 모르겠다   −4명 (3.6%)

2. 당신은 대화 시에 문어체와 구어체 또는 그 반대의 말씨 바꾸기를 느끼는가?

   * 예   −96명 (86.5%)

    * 아니오   −15명 (13.5%)

3. (2)의 질문에서 (예)일 경우 당신의 느낌은?
    * 자연스럽다   −62명 (64.6%)
    * 자연스럽지 않다   −28명 (29.2%)
    * 아무 느낌이 없다   −7명 (6.2%)

4. 팔레스타인에는 도시·시골·베드윈 방언 간의 차이가 있다. 동의하는가?
    * 동의한다   −111명 (100%)
    * 동의하지 않는다   −0명(0%)
    * 모르겠다   −0명(0%)

5. 도시·시골·베드윈 방언 중에서 어느 방언이 가장 많이 보급되어 있는가?
    * 도시 방언   −13명 (11.7%)
    * 시골 방언   −98명 (88.3%)
    * 베드윈 방언   −0명 (0%)

6. 팔레스타인에서 문어체와 구어체의 차이는 수십 년 후에 더 커질 것이다.
    동의하는가?
    * 동의한다   −35명 (31.5%)
    * 동의하지 않는다   −44명 (39.7%)
    * 모르겠다   −32명 (28.8%)

7. (6)의 질문에서 (동의한다) 또는 (동의하지 않는다)일 경우 그
   이유를 쓰시오.
   <동의한다(확대될 것이다)>
   * 외래어 사용의 증가   -4명
   * 구어체 사용의 증가   -23명
   * 문어체 사용의 증가   -2명

   <동의하지 않는다(축소될 것이다)>
   * 교육 수준의 상승과 문어체 아랍어의 보존의 필요성   -15명
   * 구어체 선호   -2명
   * 언어 상황의 불변   -7명
   * 기   타   -3명

   <무응답   -39명>

8. 문어체와 구어체 중 한 가지 변이형을 선택한다면 어느 형태
   를 선택하겠는가?
   * 구어체   -52명(46.8%)
   * 문어체   -59명(53.2%)

9. 문어체·구어체와 사회적 지위는 관련이 있는가?
   * 있 다   -83명(74.8%)
   * 없 다   -28명(25.2%)

10. 부모의 교육 수준과 아이들의 언어는 관계가 있는가?
   * 있 다   -103명(92.8%)
   * 없 다   -8명(7.2%)

윤용수 ⋯⋯⋯⋯⋯⋯⋯⋯⋯⋯⋯⋯⋯⋯

부산외국어대학교 아랍어과 졸업
한국외국어대학교 대학원 아랍어과 졸업(문학석/박사)
요르단대학교 Post Doctor
(현)부산외국어대학교 지중해연구소 교수

-저 서-

『외국어계 고등학교 아랍어 작문』
『외국어계 고등학교 실무 아랍어』
『기초 생활 아랍어』
『꿩먹고 알먹는 아랍어 첫 걸음』 외 다수

아랍어의 양층언어현상과 말씨 바꾸기

- 초판 인쇄　2008년 4월 20일
- 초판 발행　2008년 4월 20일

- 지 은 이　윤용수
- 펴 낸 이　채종준
- 펴 낸 곳　한국학술정보㈜
　　　　　경기도 파주시 교하읍 문발리 513-5
　　　　　파주출판문화정보산업단지
　　　　　전화　031) 908-3181(대표) · 팩스　031) 908-3189
　　　　　홈페이지　http://www.kstudy.com
　　　　　e-mail(출판사업팀사업부)　publish@kstudy.com
- 등　　록　제일산-115호(2000. 6. 19)
- 가　　격　20,000원

ISBN　978-89-534-8175-6 93700 (Paper Book)
　　　　978-89-534-8176-3 98700(e-Book)